VON
ASENHAIN

Manfred Höhne

Revolution der Obstbaumveredelung

Das Leben von Jakub Stolpen

Impressum

Autor und Texte: Dr. Manfred Höhne

Lektorat: Freyja Gräfin von Asenhain
Oliver Schubert

Motive: AnamCaraHaus von Asenhain Verlag

Bildmaterial: siehe Bildanhang

Herstellung:
AnamCaraHaus von Asenhain Verlag, Schorndorf

Umschlaggestaltung: Dr. Claudia Moser, Schorndorf

Bildbearbeitung, Satz und Layout:
Freyja Gräfin von Asenhain, Schorndorf

ISBN: 978-3-946414-39-1 Paperback
ISBN: 978-3-946414-38-4 Hardcover
ISBN: 978-3-946414-40-7 eBook

Ausgabe Oktober 2022

www.anamcarahaus.com
Uhlandstraße 90
D-73614 Schorndorf
Telefon: + 49 7181 65844
Mobil: +49 152 28601912

Inhaltsverzeichnis

Vorwort

Jacub war ein Mann aus Leinzell.

Sie nannten ihn „Cub die toofe Daub“, was im Jenischen soviel bedeutet, wie „der Mensch mit den goldenen Händen“.

Jacub Stolpen gilt als Entdecker der Zwischenveredelung im Obstbau. Eine Fähigkeit, die nach seinem Tod in Vergessenheit geriet und erst 1951 von Peter Nicolin aus Freiweiler wiederentdeckt und zum Patent angemeldet wurde.

Die Erzählung handelt in Leinzell des 19.Jhd., einer kleinen Stadt, die heute zum Ostalbkreis gehört. Dort ist Jacub Stolpen als Sohn wohlhabender und angesehener Bürger aufgewachsen. Im Geschäft des Vaters hat er den Beruf eines Buchhalters erlernt, den er nach dessen Tod im Dienste der Stadt noch 24 Jahre ausübte.

Er galt in der Stadt, in der in dieser Zeit das Jenische noch verbreitet war als Baldcholem, als ein Beamter, der das Jenische nicht sprach und verstand.

Nach dem Ende seiner Tätigkeit in der Stadtverwaltung kehrte er mit 66 Jahren als

Pensionär zurück in die Abgeschiedenheit seines vom Großvater geerbten Berges, vorerst ohne Ziele für sein Leben.

Das änderte sich, als er im Nachlass des Großvaters ein Büchlein fand, das mit „Die Verjüngung und Veredelung von Obstbäumen“ überschrieben war. Er war so angetan und begeistert von dem Inhalt, dass ihm ein neuer Lebensinhalt erschlossen wurde, dem er hinfort mit allem Eifer und allen Sinnen folgte.

Es kamen erfüllte Jahre. Eine aufgelassenen Streuobstwiese der Stadt ‚verwandelte‘ er in einen blühenden und fruchttragenden Obstgarten, dessen Früchte er den Ärmsten der Stadt zukommen ließ.

Er war so in diese Aufgabe versessen, dass man ihn ‚die doofe Daub‘ nannte, was im Jenischen wörtlich so viel wie die ‚gute Hand‘ heißt. Da musste er erleben, dass diese Wiese mit ihrem Obstbaumbestand für ein Straßenbauprojekt des Landes gerodet wurde.

Seine Verzweiflung darüber hat ihn niedergeworfen. Aber Glaube und Hoffnung haben ihn am Leben gehalten, um weiter zu machen, nicht aufzugeben, neu anzufangen!

Es erinnerte mich, als ich von Jacub erzählen hörte, an Gregorio Fuentes, den Fischer Santiago aus Havanna, dem Ernest Hemingway in „Der alte Mann und das Meer" ein Denkmal gesetzt hat.

Mit dieser Erzählung will ich Jacub Stolpen ein Denkmal setzen und auch der Landschaft, in der er lebte und seiner Botschaft an uns alle, besonders an die, die da so müßig dahin leben.

Leinzell heute

Einleitung

Bei einer Fahrt über die schwäbische Alb hat der Wirt, in dessen Haus ich eingekehrt war, bei einer Flasche ‚Roten‘ mir die Geschichte von Jacub Stolpen, den sie ‚die doofe Daub‘ nannten, erzählt.

Diese Erzählung hat mich bewegt. Deshalb habe ich meinen Weg über die kleine Provinzstadt Leinzell genommen, in der Jacub im 19. Jhd. gelebt, und wie ich bald fand, seine Spuren hinterlassen hat.

Nach ihm ist heute eine Promenade benannt, die sich am südlichen Stadtrand längs der Straße nach Mulfingen hinzieht und vorbei an altem Kulturobst über eine Treppe mit dem einzigen Neubaugebiet der Stadt verbunden ist. Es ist das alte Berggrundstück, das Jacub Stolpen von seinem Großvater geerbt hatte.

Heute ziehen sich dort ein Dutzend kleine Einfamilienhäuser den Berg hinauf bis zur Waldkante. Dort wo alles begann.

Mit dieser Erzählung will ich Jacub Stolpen ebenso ein Denkmal setzen, seiner Botschaft, niemals zu verzagen, niemals im Leben aufzugeben! Aber auch dem Land und seiner

Herrschaft für ihren herausragenden Beitrag zum Obstbau in Deutschland.

Jacub, der Mann aus Leinzell

Jacub nahm den oberen Weg zum Friedhof. Es war über Nacht empfindlich kalt geworden und er hatte den Mantel übergezogen, der dringend einer Reparatur bedurfte.

Einige Jahre schon spielte er mit dem Gedanken, ihn zum Reisner zu geben oder sich einen neuen zu kaufen Aber alle Mäntel, die er in dem einzigen Laden für Männersachen, den es in der Stadt noch gab, anprobiert hatte, waren entweder zu dünn für die Winterkälte oder zu kurz, mehr wie Joppen, weil es angeblich so in Mode sei.

Um ehrlich gegen sich selbst zu sein, musste er sich eingestehen, dass er diese für notwendig erachtete Reparatur seines gewohnten und erprobten Mantels, wenn er ihn im Frühjahr oben in den Schrank vom Großvater gehängt und den Pelzkragen abgeknöpft und in das Mottenkissen eingerollt hatte, den Sommer über stets vergaß. Er gestand sich ein, in früheren Jahren ein solch wichtiges Anliegen nicht hätte liegen lassen. Überhaupt, … aber er wischte die Gedanken beiseite.

Obwohl die Sonne schien, war der Wind, wenn er sich aufmachte, schon winterlich kalt, und Jacub bereute, seinen Wollschal nicht umgebunden zu haben.

Der Obere Weg war ein Umweg. Er hatte den Vorteil, an der Hinterseite der Hofgrundstücke vorbeizuführen, wo er sicher sein konnte, keinen Passanten zu begegnen, deren Blicke ihn hätten beschämen müssen. Und er hatte den Vorteil, sich wieder leicht zur Stadt neigend, direkt zum Gottesacker an St. Georgen zu führen, wo das Erbbegräbnis der Stolpen schon seit Generationen die Gebeine der Familie aufgenommen hatte.

Sein bunter Strauß war Jahr für Jahr der gleiche, immer Astern und Chrysanthemen, wie es der Garten um diese Jahreszeit eben hergab.

Den Tag des Todes und die Jahreszeit kann man sich nun einmal nicht aussuchen, sinnierte er. So waren es halt immer die gleichen Blumen, die er zum Todestag seines Vaters an das Grab brachte; mal mehr Astern, mal mehr Chrysanthemen.

Zum Todestag der Mutter im August waren es Gladiolen und späte Lilien und er meinte, dass die Blumen in gewisser Weise dem Charakter der Eltern entsprachen.

Jacub schlug den Kragen seines Mantels hoch und hielt ihn mit der Hand zusammen, wenn wieder einmal ein derber Windstoß ihm ins Gesicht blies.

Er erinnerte sich, dass es ein genau so unfreundlicher Tag war, als sie vor 30 Jahren den Vater beerdigten. Damals hielt noch der alte Pastor Meißner die Grabrede, der auch ihn getauft und firmiert und bei dem er vor dem Stimmbruch im Chor gesungen und sonntags den Blasebalg der Orgel getreten hatte.

Als der Pastor starb war Jacub das letzte Mal in der Kirche gewesen . Als der neue Gallach (Pfarrer) seine Hausbesuche machte, um seine Schäfchen einzusammeln, die nur des alten Pfarrers willen sich am Sonntagmorgen auf den Weg zur Kirche machten, war er hinten am Berg zum Garten hinausgelaufen, als er ihn unten am Gartentor stehen und die Schelle läuten sah.

Der ‚Neue' kam nicht aus der Gegend, er war ein Fremder und auch die Frauen brauchten lange, sich an ihn zu gewöhnen. Für die Männer ein Grund mehr, im ‚Weißen Hirsch' zu warten, bis die Kirchenglocken verkündeten, dass sie von ihren Frauen zum Mittagsessen abgeholt würden.

Jacub spürte, dass es immer die gleichen Gedanken waren, die ihm durch den Kopf gingen, wenn er an den Sterbetagen diesen Weg ging.

Er nahm die alten Blumen vom Sommer aus der Vase, soweit sie der Wind nicht schon heraus geweht hatte, füllte die Vase mit Wasser und stellte seine Blumen hinein. Er brach einige trockene Zweige von den beiden kleinen Zwergkiefern, die neben der Gruft standen, und lobte sich im Stillen für seine Entscheidung, wie schon so viele Male zuvor, sie hierher gepflanzt zu haben, anstatt irgend welcher Blumen oder sonstiger Beete, die er hätte pflegen müssen.

Der Gottesacker der Kirche war seit einigen Jahren nach unten zu den Feldern erweitert worden, nachdem der Friedhof an der alten Stadtkirche St. Marien aufgelassen worden war. Er heißt deshalb jetzt Stadtfriedhof St. Georgen und St. Marien.

Hier gab es seitdem einen Friedhofsgärtner, den Jacub jetzt die Tür zur Kapelle zum Durchlüften öffnen sah. Dann würde es wohl gegen 11 Uhr wieder eine Beerdigung geben.

Das erinnerte ihn erneut an die Beerdigung des Vaters. Da hatte man die alte Mörtelschicht um die schwere, nach oben gewölbte Grabplatte abgeschlagen und die Gruft, nur mit einer Plane bedeckt, zwei Tage zur Belüftung offen stehen lassen. So würden sie das wohl auch machen, wenn er an der Reihe war.

Er rechtfertigte seine pietätlosen Gedanken mit der Gewissheit, dass in absehbarer Zeit seine eigenen sterblichen Überreste in einer Kiste aufgebahrt oder in eine Urne gestopft würden, über der ein Jemand, den er nicht kannte und der ihm von Herzen gleichgültig war, ein paar Abschiedsworte herunterließ.

Jetzt wurde ihm auch klar, warum die Alten so am alten Pfarrer hingen, den sie auch von der Kanne her kannten und der ihnen, nicht zu gut und nicht zu schlecht, auf dem letzten Weg von Herzen sprach.

So hoffte er auch für sich, dass seine Schwester sich würde kümmern müssen. Er verdrängte, dass es wenig logisch war, da sie doch 4 Jahre früher geboren wurde.

Jedes Mal, wenn er hier auf dem Friedhof vor der Familiengruft stand, kamen ihm diese Gedanken. Vielleicht war das auch ein Grund, warum er seine Besuche hier auf zweimal im Jahr beschränkte.

Manchmal hatte er daran gedacht wie das wohl wäre, wenn auch seine geliebten Großeltern hier begraben lägen. Aber beide waren in Ellwangen beerdigt worden, wo ein inzwischen verstorbener Bruder der Mutter sie hatte feuerbestatten lassen.

Er verband aber mit diesen Gedanken keine besonderen Gefühle, es hatte irgendwie nichts mit ihm zu tun. Es war halt so, wie das Wetter und die Jahreszeit.

Er hatte auch keine Angst vor dem Tod, wie er auch keine Angst vor dem Winter hatte, der nun bald vor der Tür stand. Er hatte genügend Holz gespalten, wie sein Großvater ihn immer mahnte, und das bestimmt hundertmal: „Jacub, schlage immer so viel Holz, dass es für zwei Leben reicht, und mache dies, solange du die Kraft noch dazu hast."

Damals waren die ersten Kohlebriketts in der Stadt aufgekommen. Aber dem Großvater kamen sie nicht ins Haus.

Er sah in ihnen den Zeitgeist des Müßigganges, vom Einziehen der aufkommenden Industrie wusste er nichts.

Nur der neuen Eisenbahn gestand er Kohle zu. Sie war für ihn das Sinnbild des Fortschritts. Aber dieser Fortschritt musste in sein Weltbild passen, das aus einem Gemenge von christlichem Pastorat, väterlichem Patriarchat, dem Respekt vor der landesherrlichen Gewalt und dem überkommenen Brauchtum bestand.

Nun wohnte Jacub selbst im Haus des Großvaters, in dem schon seine Mutter aufgewachsen war. Und wenn er es recht bedachte – er auch. Er hatte, jedenfalls soweit seine Erinnerung zurückreichte, mehr Stunden seiner Kindheit im Haus des Großvaters verbracht, als im Elternhaus. So war es ihm vertrauter.

Keine Sekunde musste er zögern, als der Vater starb, das elterliche Haus zu verkaufen und in das leer stehende Haus der Mutter zu ziehen.

Den Erlös für das elterliche Haus hatte er mit der Schwester Katharina geteilt und auf die Jordanbank in Gmünd eingezahlt. Davon lebte er, denn das, was er für seinen Lebensabend an Pension bezog, hätte auch für seine bescheidenen Bedürfnisse nicht ausgereicht.

Dass er überhaupt eine solche Pension bezog, war dem alten Bürgermeister der Stadt zu danken. Dieser hatte ihm nach dem Tod des Vaters die im Rathaus vakante Stelle des Buchhalters angeboten.

Bei seinem Vater hatte er alles erlernt, was dafür notwendig war, aber nie mit einem Lohn oder gar der Einzahlung in eine Pensionskasse. Das hatte es in der Familie des Vaters noch nie gegeben. Man arbeitete in der Familie und erbte später, was vorhanden war.

Da die Mutter früh verstarb, erbte er. Nur Katharina erhob Ansprüche, obwohl sie in Abtsgmünd gut verheiratet war und Geld eigentlich nicht gebraucht hätte.

Sie hatte immer den Hang zu Höherem gehabt und auch das Lyzeum besucht und schließlich einen Mann geheiratet, zu dem Jacub nie ein inniges Verhältnis gewinnen konnte. Er hatte ihn nur zweimal gesehen, zur Hochzeit mit Katharina und zur Beerdigung des Vaters.

Zur ‚Leichen' war er nicht geblieben, da ihn Geschäfte riefen. Mit seiner Droschke war er abgefahren und hatte Katharina zwei Tage später mit dem zusammengerafften Porzellan und dem wenigen Silber der Familie abholen lassen. So war das.

Jacub betrübte es, so ohne Kontakt zu sein. Aber Katharina hatte sich neben diesem Mann sehr verändert und wohl auch durch die Kinder, von denen er sich gewünscht hätte, dass sie bei ihm ein Stück der Geborgenheit empfangen hätten, wie er in seiner Kindheit im Haus des Großvaters.

Jacub vergaß, dass dazwischen 30 Jahre lagen, in denen er um 7 Uhr 30 sein Haus verlassen musste und erst gegen 5 Uhr des nachmittags heimkehrte. Wie hätte er da seine Enkel hüten und geleiten sollen? So waren sie für ihn in der Fremde aufgewachsen und heute sicher schon in aller Welt.

Er wusste es nicht.

Zu den Geburten hatte Katharina ihm jedes Mal einen Brief geschrieben. Einmal auch eine wunderschöne bunte Ansichtskarte von einem See mit einem Boot und einem Sonnenuntergang, von einem südlichen Ort, dessen Namen auf der Karte nicht mehr zu lesen war.

Sie waren dort in den Ferien, in einer Pension „Seeblick", wie es auf der Karte stand. Jacub hatte die Karte bis heute hinter der Glasscheibe seines Küchenschrankes aufbewahrt. Sie gehörte so selbstverständlich zum Inventar, dass er sie nicht mehr wahrnahm.

Vater hatte Katharina immer ‚kapriziös' genannt und ihr alle Freiheit gelassen, die sich für ihn mit Ordnung und Sittsamkeit verband.

Jacub wurde strenger gehalten, aber nicht lieblos. Für seinen Vater waren die Kinder und ihre Erziehung Aufgabe der Mutter. Seine Aufgabe waren die Geschäfte und die liefen über viele Jahre auch sehr erfolgreich. So konnten sie das große Haus an der unteren Kirchgasse bauen lassen, das an den Marktplatz grenzte, der sich eng in die Häuser zwischen Kirchgasse und Mulfinger Weg drängte.

Der Vater gehörte immer zu den Honoratioren der Stadt, wenn er dort auch nie ein Amt übernahm. Nur im Gemeindekirchenrat von Sankt Georgen hatte er über Jahre seinen Platz, wie schon sein Vater und wohl auch sein Großvater. So gehörte die Familie auch zu den wenigen Bürgern, die eine Gruft für ihre Verstorbenen besaßen.

Er hatte als Jüngerer nie verstanden, was mit *kapriziös* genau gemeint sei. Er hatte diesen Begriff ausschließlich mit Katharina verbunden, einschließlich ihres Hangs, ihn zu gängeln, wovon er sich erst spät zu entziehen wusste.

Die Mutter war die gütige Fee der Familie, schlichtend und sorgend. Sie war die Erste am Morgen und abends die Letzte. Sie war die Einzige neben dem Großvater, dem er im Wesen nachgeraten war, von der Jacub im Leben so etwas wie Liebe empfing. Sie hatte auch seinen Namen ausgewählt, der nicht Jakob heißen sollte, wie die meisten männlichen Nachkommen in der Familie. Er sollte etwas besonderes sein.

In seiner Schulzeit hatte man das nicht so gesehen, sie nannten ihn Cub. Und das blieb so bis auf den heutigen Tag.

Jacub hielt jetzt seinen Mantelkragen mit beiden Händen am Hals zusammen, denn der kalte Wind hatte noch einmal aufgefrischt. Es war immer das gleiche, die Wege zum Friedhof waren seine Gedenktage.

Im August war er in Gedanken bei der Mutter und endete beim Vater, jetzt im November kreisten seine Erinnerungen um den Vater und endeten bei der Mutter und bei Katharina, weil er sie *kapriziös* genannt hatte.

Er freute sich auf die warme Stube zu Hause und würde tüchtig den Ofen nachlegen und vielleicht eine Mehlspeise machen mit den getrockneten Zwetschgen aus der heurigen Ernte, die so reichlich war wie seit Jahren nicht

Das Haus des Großvaters

Das Haus des Großvaters, das jetzt sein Haus war, lag am östlichen Stadtrand, der leicht zu den darüber liegenden Hügeln ansteigt, die von lichtem Mischwald bedeckt sind.

Eine tiefe Rinne aus den Bergen, über die zur Schneeschmelze oder bei starkem Regen eine schiere Wasserflut herunter stürzte, mündete genau oberhalb des Gartens und hatte in alter Zeit mit seinen Sturzbächen oft einen Teil der Hangbreite hinweg gerissen und in die tiefer gelegenen Gärten der Stadtrandsiedlung Unmengen von Schlamm gespült.

Deshalb hatte die Gemeinde schon vor Generationen, als das Land unten mit Höfen bebaut wurde, am Ende der Rinne einen Damm errichtet, der das Wasser nach Süden in die Lein ableitete.

Dann konnte es vorkommen, dass der kleine Fluss, der die Stadt teilt und südlich in einem weiten Bogen begrenzt, zu einem reißenden Strom anschwoll. Dieser beschädigte immer wieder die Pfeiler der einzigen Brücke, die hinüber zu den Feldern führte.

Den Römpers war es aufgetragen, den Damm zu beaufsichtigen und auch die Maulwürfe fern zu halten, die den Damm untergruben.

Dafür waren in alter Zeit einmal Gerechtsame eingeräumt, an die sich heute keiner mehr erinnern wollte.

Diese Pflichten wurden jedoch trotzdem weiter vom Vater des Großvaters, von diesem und nun auch von Jacub wahrgenommen. Es hieß, für diese Pflichten habe die Familie einmal die große Hanglage unterhalb der Bergrinne als Eigentum bekommen.

Vier Generationen hatten seitdem den Hang mit Obstbäumen bepflanzt und Beete angelegt. Diese ernährten nicht nur die Familien, sondern deren Ernten wurden auch auf dem Wochenmarkt angeboten. Auch Jacub bepflanzte einen Teil der Beete mit Früh- und Spätkartoffeln, Zwiebeln, Stangenbohnen und Erdbeeren.

Hauptsächlich aber mit Blumen, so dass sein Garten das ganze Jahr über in Farbe getaucht schien.

Für den Obst-und Gemüsemarkt pflanzte er nicht. Seine Großmutter war die letzte der

Familie, die einen Stand auf dem Wochenmarkt belegte.

Nach ihrem Tod hatte der Großvater die meisten Beete in Blumenrabatten umgewidmet oder mit Beerensträuchern bepflanzt.

Jacub hatte es sich als Kind mit Eifer nicht nehmen lassen, den Handwagen der Großmutter mit Obst und Gemüse vor dem Schulbeginn zum Markt zu ziehen. Er bekam dafür immer fünf oder zehn Pfennige, je nachdem, was sich die Großmutter für den Tagesverdienst ausrechnete.

Der Wochenmarkt, der eigentlich ein doppelter war, denn er fand immer mittwochs und samstags statt, erfreute sich immer noch einer großen Beliebtheit und fand weiterhin großen Zuspruch.

Für die vielen Äpfel, Birnen und Pflaumen, die auf seinem Berg reiften und nun nicht mehr zum Markt getragen wurden, hatte Jacub eine Verwertung gefunden, die ihm die Last der Ernte nahm und zudem Dank und Ehre einbrachte.

Die älteren Kinder der Landeswaisenanstalt in Schechingen erschienen, wann immer die Sorten reif waren und er sie rufen ließ, und sammelten die Früchte zu ihrem Bedarf. Dafür kam der Pedell der Anstalt und schnitt ihm den Rasen zwischen den Bäumen, wofür Jacub über die Jahre die Zeit fehlte, und heute zunehmend die Kraft.

Für ihn aber war wichtig, dass alles eine Ordnung hatte.

Ihm war immer merkwürdig, dass ihm das Spalten des Holzes, das er oben im Wald sammelte, Freude bereitete, nicht aber das Sensen des Grases.

Der Pedell der Waisenanstalt fuhr das Gras, mal frisch, mal getrocknet als Heu, mit seinem Fuhrwerk ab. Damit fütterte er die Ziegen, für deren Milch die Anstalt einen Hof betrieb.

Immer wenn ein besonderer Anlass in der Anstalt anstand, bekam Jacub eine Einladung. Er wurde, trotz der kurzen Entfernung, mit dem Einspänner abgeholt und dort als Mäzen benannt und behandelt.

Weit wichtiger für Jacub war, was weder der Großvater noch sein Vater im je erzählt hatten, dass das große Hausgrundstück, das sich vom Wald bis zu den Höfen im Tal hinzog, samt dem darauf errichteten Holzhaus, von der

Grundsteuer, die die Stadt von allen Grundstücken erhob, befreit war.

Das war ihm erst aufgefallen und bewusst geworden, als er nach seiner Anstellung im Rathaus sich mit der Kontrolle des Grundbuches und der Grundstücks-und Haussteuer befassen musste.

Er fand im Archiv sogar die Urkunde von 1724, mit der das Hanggelände vom städtischen Umland zum Hausgrundstück umgewidmet und dem Georg Ehregott Römper und seinen Nachfahren zur kostenfreien Nutzung in Eigentum übertragen war.

Das Eigentum mit der Beschränkung, dass es nur innerhalb der Familie übertragbar sei. Beim Aussterben der Familie des Begünstigten oder bei Vernachlässigung der mit dem Eigentum verbundenen Pflichten sollte es an die Stadt zurückfallen.

Da wurde ihm auch klar, warum der Großvater so oft von dem Wunsch gesprochen hatte, dass Jacub einmal sein Erbe an dem Haus und den Gärten antreten möge.

Jacub fertigte eine Kopie des Originals an und ließ sie von seinem Gönner, dem Bürgermeister Grundt, unterschreiben und siegeln.

So ist der Berg neben den unvergesslichen und mit keinem Geldwert aufzuwiegenden Kindheitserinnerungen zu einem echten Juwel geworden, das ihn nun Jahr um Jahr begleitete, seit er das schon in die Jahre gekommene Holzblockhaus als mütterliches Erbe sein Eigen nennen durfte.

Jacub liebte das Haus, nicht nur um der Erinnerungen willen und der mit ihm verbundenen Privilegien, sondern auch der eigenen Arbeit wegen, die er in die Renovierung und Erneuerung des alten Hauses einbrachte.

Alle Fenster hatte er erneuert und ein Teil der Dielung, da dem Haus zum Teil eine Unterkellerung fehlte. Gut die Hälfte der Holzschindeln hatte er nachgeschnitten und mit Kupfer genagelt. Schließlich hatte er das Haus in falunrot gestrichen, in weiß die Fenster und die Türen.

Er war stolz auf sein Werk. Jacub strich auch heute liebevoll über das alte Holz, das durch den Anstrich eine matte, fast seidige Oberfläche bekommen hatte. Er fühlte über die alten Risse in der Türlaibung, die mit Holzspachtel verschlossen und nun nicht einmal mehr zu fühlen waren.

Er ging die wenigen Schritte zu dem Holzfeim und lud einen Stoß Scheite auf seinen Arm und trug sie in die Stube.

Veränderung

Es war ein besonderer Tag. Jacob liebte es, Tagen in seinem Leben eine besondere Bedeutung zu geben. Ihm ging es wie vielen, deren Leben beschaulich dahin läuft ohne besondere Höhepunkte.

Vor nun 10 Jahren hatte er seine Arbeit in der Stadtverwaltung aufgegeben, die er ein Jahr lang über das für in Staatsdiensten Beschäftigte festgesetzte Pensionsalter ausübte. Eigentlich hatte er sie nicht aufgegeben, sondern aufgeben müssen.

Nach dem Tod seines Mäzens war ihm fast ein Jahr lang ein Teil der hoheitlichen Pflichten eines Scharle (Bürgermeisteramtes) aufgetragen worden. Nicht weil es keine Anwärter für einen Nachfolger im Bürgermeisteramt gegeben hätte, sondern weil die Verwaltung der Stadt der größeren Nachbargemeinde Göggingen zugefallen war.

Deren Bürgermeister hatte alle wichtigen Verwaltungsträger zu sich gezogen und in der Stadt nur eine Zweigstelle der Stadtkasse und eine eben solche Zweigstelle des Standesamtes belassen.

Eine Art ‚Stadtrat' gab es noch. Ihm kam aber keine wirkliche Gestaltungsmacht mehr zu. Die alten Stadträte, die was auf sich hielten, hatten sich von diesem Amt zurück gezogen.

Da Jacub nur 30 Jahre unter Vertrag stand, fiel ihm nur eine kleine Pension zu.

Sorgen musste er sich nicht machen. Auch seinen Lebensstil musste er nicht ändern, der ohnehin immer bescheiden war. Jacub war ehrlich genug, die Fusion der beiden Nachbarstädte gerecht zu beurteilen.

Leinzell hatte in 50 Jahren fast die Hälfte seiner Einwohner verloren. Die Jugend war abgewandert, es fehlte an Arbeit.

Leinzell war immer eine Ackerbürgerstadt gewesen. Die moderne Industrie war an ihr vorbei gezogen. So war auch ein Geschäft nach dem anderen hinüber nach Göggingen abgewandert. Nur das alte Handwerk blieb, zumindest solange die alten Meister noch in ihrer Werkstatt standen.

Auch das einzige Hotel der Stadt „Zum Weißen Hirsch" hatte als solches geschlossen und firmierte nur noch als Gasthof. Es blieb die Adresse für die großen Feiern zur Taufe und zur Hochzeit und für die Geburtstage jenseits der 80. Bei den Ackerbauern hatte sich ohnehin immer noch die Sitte gehalten, auch große Anlässe auf der Tenne des eigenen Hofes zu feiern.

Von den fast 1200 Bürgern, die in Jacubs Kindheit in der Stadt lebten, waren nur 750 geblieben, was das ganze, ohnehin nie üppige Geschäfts-und Kulturleben zum Erliegen brachte.

Für Jacub war das nicht so wichtig. Er hatte weder an dem einen noch an dem anderen Anteil genommen. Sein Bedauern galt anderem.

Die Zeit, die vergangenen war, hatte auch sein Leben nachhaltig verändert. Er wusste, dass dies normal war im Leben der Menschen. Aber er bedauerte es. In einer Fußballmannschaft schieden Spieler aus und neue kamen hinzu, aber die Mannschaft blieb. Ihm war dies nicht gelungen.

Der Bürgermeister hatte ihn als vierten Mann in seine Skatrunde geworben, die an einem jeden Mittwoch im „Weißen Hirsch" von sieben bis zehn Uhr des Abends Karten spielte.

Die Skatbrüder, wie sie der Wirt nannte, hatten sich aus einer Doppelkopfrunde, dem neuen

Spiel zugewandt. Dies war aus Altenburg in Sachsen herüber gekommen. Sie spielten es nach der Variante des Altenburger Farbenreizen.

Neben dem Bürgermeister Grundt gehörte der Stadtarzt Dr. Haussmann, der Besitzer der Schwabenapotheke Lerther und nun auch er zu dieser Runde.

Es war ein gepflegter Umgang. Sie spielten um die Viertel-Pfennige und ohne Streit. Ansätze zu einem Streit gab es nur, wenn sie sich über die Regel nicht einig waren. Deshalb hatte der Apotheker Lerther alle Regeln, auf die sie sich verständigt hatten, in ein Büchlein geschrieben, das an jedem Abend dabei war.

In dieser Runde mitzuspielen, war eine große Ehre und verlieh ihm ein bedeutendes Prestige. Ohne seinem Gönner, den alten Grundt, wäre ihm diese Aufwertung seiner Person nicht widerfahren.

Als der Bürgermeister verstarb gelang es dem rührigen Pharmazierat Lerther zwar Ersatzspieler zu gewinnen, aber es gelang nicht mehr das alte Verhältnis des gegenseitigen Respektes und der freundlichen Ruhe herzustellen. Auch gab es häufiger Streit um die Regeln, obwohl die neuen Mitspieler, vor ihrer Aufnahme in die Runde, ausdrücklich auf das Lerthersche Regelbuch eingeschworen wurden.

So wechselten die Mitspieler mehrfach, hielten den Tag der Skatrunde nicht ein oder brachten weitere Spieler mit, zu denen kein Konsens bestand.

Als der Pharmazierat Lerther altershalber die Apotheke verkaufte und zu seiner Tochter ins Bergische Land verzog, zerfiel die Runde, die längst schon den besonderen Respekt des Wirtes verloren hatte.

Jacub gelang es nicht, sich auf Dauer einer anderen Runde anzuschließen, die in dieser Zeit wie Pilze aus dem Boden schossen. Es waren zumeist Handwerker, die sich getrennt nach ihren Innungen zum Skatspiel trafen oder auch sonst als verbunden oder befreundet galten.

Jacub war nicht ungesellig, aber es fiel ihm schwer, andere zu unterhalten. Er hörte lieber zu. Deshalb war er auch keinem der Vereine beigetreten, obwohl man ihn dort gern als Kassenwart haben wollte.

Er trank aber gern ein Bier und mochte dabei nicht allein am Tisch sitzen. In jüngeren Jahren fand er auch immer einen Schulkameraden, zu dem er sich setzen konnte. Die aber wurden immer weniger.

Schon nach dem Schulabschluss waren die meisten seiner Klassenkameraden weggezogen, weil sie in Leinzell keine Arbeit fanden. Nur die Söhne der Handwerker blieben und fanden im elterlichen Betrieb ihre Lehre.

Auch später noch zogen immer wieder Schüler seines Jahrganges aus der Stadt, um in der Industrie bessere Lebensbedingungen zu finden. So war es mehr und mehr ein purer

Zufall, im Wirtshaus einen Schulkameraden zu treffen und sonst kannte er ja niemanden.

Nach seiner Pensionierung kam er auch nicht mehr am Wirtshaus vorbei, wie früher auf dem Heimweg nach der Arbeit. Den Weg zur Stadt zu gehen, nur um im Wirtshaus ein Bier zu trinken, wäre ihm nicht in den Sinn gekommen. So trank er sein Abendbier auf der Veranda am Haus, wo er den herrlichen weiten Blick über seinen Garten und die Stadt hatte.

So auch heute. Die Sonne, die von der Stadt her immer noch kräftig auf seine Veranda fiel, wärmte ihn, da der kalte Wind sich an den Bohlen des Hauses brach und das letzte Laub an der Veranda vorbei hinunter zur Stadt wirbelte. Trotzdem hatte sich Jacub unter dem Mantel eine Wolljacke übergezogen.

Er schob die Bank etwas zur Seite, so dass sie gänzlich in der Sonne stand und streckte die Beine weit unter den Tisch. Er stand nur auf, sich ein zweites Bier zu holen. Zur Feier des Tages, wie er es nannte, seinem Jubiläum, dass nur ihm eines war.

Er hatte im ‚Tageblatt' gelesen, dass so viele Städte jetzt Ärger mit der Industrieverschmutzung hatten. In Leinzell gab es diesen Ärger nicht. Hier gab es keine Industrie, die mit Kohle befeuert wurde.

Jacub sinnierte, dass ‚Arbeit für viele' mit schlechter Luft in den Städten zusammenhing und die ‚gute Luft' mit seinem Dasein als Pensionär auf seinem Berg. Er wusste, dass er weiterdenken müsste, in das soziale Dasein hinein, aber dazu hatte er keine Lust. Er genoss sein Dasein einfach.

Er hatte noch nie eine schwarze Rauchwolke gesehen. Einmal nur, als in der Brunnengasse am helllichten Tag ein Haus abgebrannt war. Die Männer der Feuerwehr, als sie endlich angerückt waren und ihre Schläuche ausgerollt hatten, konnten nur mit Mühe die Nachbarhäuser vor den Flammen retten.

Für gewöhnlich gab es keine schwarzen Rauch-Fumarolen über der Stadt, nur im Oktober, wenn die Ackerbauern ihr Herbstlaub verbrannten. Die Rauchfahnen der Köhler in den Hügeln, oberhalb seines Grundstückes, wurden von den hier vorherrschenden Westwinden immer hinweg getragen.

Jacub konnte sich nicht erinnern, je eine Rauchbelästigung von dort wahrgenommen zu haben.

Jacub fragte sich manchmal, was aus ihm geworden wäre, hätte ihn Bürgermeister Grundt nicht ins Rathaus genommen und er nicht das wunderbare großväterliche Erbe. Aber wie es auch sei, er war es zufrieden.

Es wird kälter

Die ersten Schneeflocken, die er schon als Kind mit froher Erwartung begrüßt hatte, blieben nicht liegen. Der Boden war noch zu warm, als er die Rosen anhäufelte.

Erst nach Sankt Kathrein fiel der Schnee so reichlich, dass die Gmünder und Gögginger Straße geräumt werden mussten und die Anlieger in den Nebenstraßen und Gassen ihre Schneeschieber vor das Haus stellten.

Das würde jetzt in der Landschaft um Leinzell so bleiben bis März, denn Schnee hatten sie hier immer reichlich und lange.

In der alten Zeit, von der sein Großvater noch erzählte, die er aber auch nur vom Hörensagen kannte, war ihr Grundstück auf dem Hang der Rodelberg der Stadt gewesen. Jetzt war dies der obere Teil des Igginger Weges, der deshalb im Winter für Fuhrwerke gesperrt wurde.

Auch Jacub schob eine schmale Gasse bis hinunter zum Gartentor, um der Postfrau keinen Anlass zu bieten, die Wochenzeitung nicht, wie vereinbart, zum Postkasten am Wasserteich im mittleren Teil des Gartens hinauf tragen zu wollen. Es war nun einmal die Bestimmung, dass der Postbote seine Last an der Grenze der Grundstücke an die Empfänger übergeben sollte und nicht an der Haustüre der oft tiefer liegenden oder weiter im Garten errichteten Höfe.

Für den Winter war alles gerüstet. Er hatte die Wasserleitungen zum unteren Garten entleert und das Laub der beiden Kastanien zusammengeharkt und verbrannt. So waren seine Bäume fast frei von Miniermotten geblieben, die das Laub in den Parkbäumen der Stadt schon im September gänzlich braun werden ließen.

Er beschloss, nun doch den Reisner aufzusuchen. Er war einer der wenigen seiner Schulkameraden, der in der Stadt geblieben war und bei seinem Vater eine Schneiderlehre machen konnte. Er war auch einer der wenigen Schneider, die nicht nur neufertigten, sondern auch Wämse besserten und Änderungen vornahmen. Ihm wollte er seinen Mantel zeigen und um Rat bitten, was daran zu machen sei.

Er zog seine Joppe über und wickelte den Mantel in ein Tuch, das er über den Arm nahm. Der Reisner, den sie den Gluser (Schneider, Wämsebesserer) nannten, war ein mäßiger Schüler gewesen und von jener Art, dass Jacub mit seinem Anliegen nicht würde erröten müssen.

So war es auch. Jacub bekam das Gefühl, dass sich der Reisner redlich freute, ihn zu sehen und es nicht abwegig fand, als Jacub sein Anliegen vortrug.

Er besah sich den Mantel und lobte den Wollstoff. Er löste das Futter an zwei Stellen und begutachtete den Stoff darunter und meinte, den Mantel wenden zu können. Ein Riss, den Jacub nur mit Zwirn genäht hatte, könne er kunststopfen.

Der Preis für seine Arbeit, den er nannte, war nicht einmal die Hälfte von dem, was Jacub für einen der kurzen Mäntel, die er im Frühjahr im Anzugladen anprobiert hatte, würde ausgeben müssen. So war er es sehr zufrieden.

Er konnte den Mantel auch gleich da lassen und in 14 Tagen würde er ihn wieder abholen dürfen.

Jacub reute es, nicht eher den Reisner um seinen Rat angefragt zu haben. Er lobte aufrichtigen Herzens, dass Reisner mit seinen mehr als 70 Jahren noch seiner Arbeit nachging, was dieser mit einem sichtlichen Stolz quittierte und dem Hinweis, dass es ja tausend mal besser sei, seinen Tag mit Arbeit zu verbringen, als die Hände in den Schoß zu legen. Da musste Jacub ihm Recht geben und er machte sich auf, um noch vor Ultimo in der Stadtkasse seine Monatspension abzuholen.

Jacub war ob seines Erfolges bei dem Reisner so vergnügt, dass er am „Weißen Hirsch“ halt machte und auf ein Bier hineinging.

Aber im Gastraum war es kalt. Er fand kein bekanntes Gesicht. Genau genommen fand er überhaupt keines, so dass er den ‚Hirsch‘ wieder verließ und sich auf den Heimweg machte.

Beim Ladengero, wie sie hier den Krämer nannten, bestellte er einen Kasten „Württemberger Alt “und nahm auch zwei Flaschen mit, denn sein Vorrat war aufgebraucht. Er nahm wieder einen Arm voll Holzscheite und entfachte das heruntergebrannte Feuer von neuem. Er würde es sich heute in seiner Chaise bequem machen und den Plan für den morgigen Tag bedenken.

Wichtigste Entscheidung

Der Winter ging hin. Es war ein milder Winter, der aber viel Schnee brachte. Die Ackerbürger sprachen von ihrer Hoffnung auf eine gute Ernte für das Getreide.

Jacub, dem das lange Harren in seiner Stube wenig behagte, fing an, alle möglichen Dinge aus seinem Leben aufzuschreiben.

Er merkte, dass ihm das Freude machte. Hatte er doch im Leben zwar viel geschrieben, aber nur Rechnungen und über Beschwerden der anderen Leute, nie über seine eigenen. Über sein eigenes Leben schon gar nicht.

Die Briefe, die er erhalten hatte, konnte man an einer Hand abzählen. Er war so nie in Verlegenheit gekommen, solche beantworten zu müssen. Jetzt merkte er mit einigem Erstaunen, dass er es gerne getan hätte.

Aber die wichtigste Entscheidung dieses Winters war, dass er hinging, lange Liegengebliebenes anzupacken. Vor allem, die kleine Kammer, Schrank und Kommode der Großeltern im Obergeschoss auszuräumen.

Bei seinem Einzug vor ‚Menschengedenken' hatte er alle Sachen in die kleine Kammer geräumt, die einmal als Kind sein Zuhause war, und die Kammer der Großeltern als Schlafraum benutzt.

Jetzt, da er zum Schlafen nicht mehr hinaufstieg, sondern sich den Diwan in der Wohnstube für die Nacht hergerichtet hatte, war oben alles geblieben, wie er es verlassen hatte. Er hatte die Sachen nie durchgesehen oder daran gedacht, sie an das Armenhospital zu geben. Das wollte er nun tun und er stopfte die alte Kleidung in zwei große Säcke.

Darunter befanden sich auch die Wintermäntel der Großeltern, die von besserer Erhaltung waren, als sein eigener.

Den Mantel des Großvaters nahm er an sich. Den großen warmen Mantel zog er nun selbst über bei seinen ausgedehnten Spaziergängen, obwohl die Ärmel etwas zu kurz waren. In seiner Erinnerung war ihm der Großvater immer als ein sehr großer Mann erschienen; jetzt sah er, wo es ihm mangelte.

Es war ein sehr schöner, warmer und gut erhaltener Mantel. Er verband Jacub auf seltsame Weise mit seinem geliebten Großvater, den er mehr als seinen Vater in sein Herz geschlossen hatte.

Die Zeit seiner täglichen Wanderungen nach oben in den Wald und in die Hügel behielt er streng bei. Einmal am frühen Morgen eine Stunde vor seinem Frühstück und einmal, wieder eine Stunde, am Nachmittag. Er spürte, dass ihm das gut tat, aber er spürte auch, wie ihm das Atmen zunehmend schwer fiel, wenn er in die Höhe stieg.

Auf den Tag genau nach 14 Tagen ging er hin, den Reisner aufzusuchen und seinen gebesserten Mantel abzuholen. Er sah wie neu aus!

Den aufgesetzten Kragen hatte Reisner mit Spiritus gereinigt. Ohnehin würde hier im

Winter der darüber gelegte Pelzkragen die Spuren des Gebrauchs verbergen.

Jacub hatte dem Reisner eine Flasche von seinem besseren Wein mitgebracht, nicht als Teil der Löhnung, sondern als kleine Anerkennung für die hervorragende Arbeit.

Erst einmal aber machte er sich über das letzte Stück seiner Räumaktion her, ehe das wieder in Vergessenheit geriet. In der Kommode, die mit Leibwäsche der Großmutter und mit Wollstrümpfen des Großvaters vollgestopft war, fand er auch einige Bücher und auch die alte Urkunde von 1724 zur Übereignung des Berggrundstückes durch die Stadt an die Römpers.

Er nahm dies alles mit nach unten und ordnete es in seine Dinge. Zwei Bücher waren Romane des Zeitgeschmackes, eines ein Koch- und Backbuch, das schon sehr abgegriffen war.

Ein dünnes Büchlein von nur 38 Seiten aber erweckte seine Neugier, je länger er darin blätterte. Und je länger er darin las, umso mehr faszinierte es ihn.

Es war eine „Anleitung zum guten Baumverschnitt und zum Pfropfen, Kopulieren und Okulieren von Obstgehölzen“. Es war mit fotografischen Aufnahmen und zahlreichen Zeichnungen ausgestaltet, die den Text des Buches anschaulich erläuterten. Daneben war abgebildet und beschrieben, alles was man dazu benötigte: Bast, Baumwachs, Okulier- und Kopuliermesser.

Jetzt erhielt er die Erkenntnis, wozu der Großvater das seltsame Messer in seinem Werkzeugkasten gebraucht hatte.

Jacub war so angetan und aufgeregt, dass er alsbald in den Werkraum lief, hinten am Haus, wo er neben den Geräten für den Garten auch den Werkzeugkasten aufbewahrte.

Er nahm das Messer an sich, dass ein doppeltes war, mit einer Klinge für das Kopulieren und einer solchen für den Okulationsschnitt.

Jacub geriet so in Eifer, dass er am liebsten sofort mit dem Veredeln an seinen Bäumen zu beginnen trachtete. Zum Schneiden der Edelreiser war jetzt die richtige Zeit, die Zeit, in der der Baumsaft sich am tiefsten in das Wurzelwerk zurückgezogen hat.

Im Werkraum fand er auch die gepichte Dose mit dem Baumwachs, ohne zu wissen, zu welchem Zweck Großvater dieses in Gebrauch hatte.

Jacub las bis in die Nacht, bis ihm die Augen in dem schwachen Licht der Lampe schmerzten. Ihm dämmerte, dass er hier eine Aufgabe gefunden hatte, von der er aber noch nicht ahnte, dass sie ihn bald völlig in Anspruch nehmen und mit der größten Befriedigung seines Lebens erfüllen sollte.

Jacub las das Büchlein wieder und wieder, dass er es bald auswendig hersagen konnte. Ihm wurden die Dinge so anschaulich, dass er - trotz ohne jegliche praktische Erfahrung - meinte, einer interessierten Schar von Schülern die Techniken der Baumveredlung würde vortragen können.

Er machte sich einen Plan für seine ersten Versuche in seinem Garten. Er wählte dazu einen Apfelbaum, dessen kleine und sauren Früchte selbst die Sammler vom Waisenhaus verschmähten. Was für ein Reis sollte er nehmen?

Er wusste von einer Baumschule in Iggingen, von der die Bauern die jungen Obstbäume für ihre Gärten bezogen und auch die neuen Sorten, die zunehmend den Einzug in die alten Streuobstwiesen fanden.

Der kalten Jahreszeit Rechnung tragend machte er sich zu Fuß nach Iggingen auf und trug dort dem alten Baumschuler sein Anliegen vor. Auch, was ihm ebenso wichtig war, wollte er in Erfahrung bringen, was für Apfel- und Birnensorten auf seinem Berg schon wuchsen.

Der Gärtner, der Lorenz hieß, und ebenfalls schon in den Jahren, war eben in dieser Zeit auch mit dem Schneiden von Edelreisern beschäftigt. Er nahm sich aber die Zeit für Jacubs Wissbegier. Er zeigte ihm einen Stapel bunter Bilder von Äpfeln und Birnen. Jacub erkannte die vielen alten und auch schon neueren Sorten, die in seinem Berg standen.

Dem alten Gärtner war es offenbar eine Freude, sein Wissen weiterzugeben. Er ging bereitwillig auf Jacubs viele Fragen ein. Sie verabredeten für den kommenden Herbst eine Inaugenscheinnahme seiner Bäume im Berg.

Eine Einladung nahm der Gärtner an, da er sie mit dem Besuch seiner Schwester in Leinzell verbinden konnte.

Für sein Vorhaben ließ sich Jacub beraten und nahm erst einmal Edelreiser von Claps Liebling, Goldrenette und roter Herbstkalvill mit sich. Er bezeichnete die Reiser mit ihrem

Namen und legte sie Zuhause in feuchten Sand unter dem Werkraum und wartete mit Sehnsucht und Ungeduld auf das Frühjahr.

Er legte sich einen Plan seines Gartens an und bezeichnete alle die Bäume mit ihrem Namen, die er auf den Bildern des alten Gärtners gesehen und wiedererkannt hatte.

Er registrierte jetzt mit dem Stolz des Wissenden, dass er den Cox Orange, die Baumanns Renette, den Boskoop und den Grafensteiner in seinem Berg schon hatte.

Es war ihm wie ein neuer Inhalt seines Lebens, das ein Interesse in ihm weckte, von dem er geglaubt hatte zu solchem nicht mehr fähig zu sein. Es widerfuhr ihm wie so vielen, die ein Leben lang einer Hoffnung nachjagen, dass ein solcher Tag kommen möge.

Jacub musste nun drei Monate warten. An einem trockenen, aber bedeckten Tag endlich, stellte er die Obstleiter in den Baum und stieg mit der sorgfältig gepackten Tasche vor der Brust hinauf. Er entfernte alles störende und dem Baum kraftraubende Astwerk.

Den jungen und kräftigen Zweig, der einmal die Krone werden sollte, sägte er an der Stelle, wo sein Umfang etwa 10 cm maß, sauber ab.

Er schnitt an zwei Stellen ein und setzte zwei angespießte Reiser vom Roten Herbstkalvill so ein, dass die Kampriumschichten der Reiser und der Unterlage ausreichend Kontakt hatten.

Dann schnürte er mit Bast, knotete mehrfach und strich schließlich Baumwachs darüber, das er noch einmal mit Baststreifen sicherte. Sein Herz klopfte dabei. Er arbeitete ruhig und minutiös, wie es in seinem Buch beschrieben war.

Auf zwei kräftigen Jungtrieben von Bleistiftstärke übte er das erste Kopulieren mit einem 7 cm langen Schrägschnitt, passte die Kampriumschichten aufeinander, befestigte mit Bast und verstrich sorgfältig mit Wachs. Er achtete darauf, dass alle Veredelungsstellen sich in gleicher Höhe befanden, so dass der aufsteigende Saftstrom den gleichen hydrodynamischen Druck haben sollte, so wie der Gärtner es ihm erklärt hatte.

Jacub überkam ein Gefühl, wie es wohl eine Hebammenschülerin haben mochte, die dabei war, dem ersten Kind zur Welt zu helfen.

Er stieg wie in Trance zu seinem Blockhaus hinauf, die Tasche über die Schulter gehangen.

Die Leiter ließ er stehen, um täglich sein Werk zu kontrollieren und zu bewachen.

Er stellte seine Tasche mit der Bastrolle, dem Baumwachs und dem Messer in die Werkzeugkammer. Dann zog er den Mantel des Großvaters über und holte seine Geneverflasche aus dem Küchenschrank und ließ sich auf der Terrasse nieder. Er schenkte sich ein großes Glas von dem Genever ein und verharrte einen langen Moment in einer eigentümlichen Stille. Er konnte sich nicht an den Tag erinnern, an dem er sich das letzte Mal einen Branntwein gegönnt hatte.

Und als er nachschenkte, und noch einmal, sah er die Reiser grünen und wachsen, sah sie blühen und wie sie Früchte trugen. Und er schmeckte fast sinnlich, wie köstlich ihm ihr Genuss mundete.

Wieder ein Frühjahr

Das Frühjahr wechselte wie Janus sein Gesicht. Mal zog es bleigrau mit violetten Rändern über die ‚Weinberge' im Norden und entlud sich mit einer Mischung aus Schneegraupel und Regen über der Lein, mal stand die Sonne Sommer verheißend Stunden über der Stadt, kämpfte die Sandwirbel gebieterisch nieder und ließ die Menschen ihre Winterpelze über den Arm nehmen.

Die Weinberge hießen nur so. Wein war hier nie gewachsen. Es hatte einmal einen Versuch gegeben mit einer winterharten Rebe. Diese war aber auch nach ein paar Jahren in dem harten Albklima erfroren.

Jacub fühlte sich wie ein Kind, das Weihnachten nicht erwarten kann. Jeden neuen Tag war er in den Baum gestiegen, seine Veredelungen zu kontrollieren Wenn der Wind einmal zum Frühjahrssturm ausholte, tat er dies mit bangen Herzen. Zum Ende Mai sah er wie die vier Augen, die er an den Reisern gelassen hatte nacheinander zu Knospen aufbrachen. Er hielt den alten Baum wie einen Säugling in Obhut, wie er glaubte, dass ein Säugling in Pflege gehalten werden müsse.

Im Sommer besuchte ihn der alte Gärtner aus Iggingen auf seinem Berg. Er hatte seine Schwester in Leinzell besucht und die Gelegenheit genutzt, ihn aufzusuchen.

Jacub freute sich aufrichtig über den Besuch und bot ihm einen Tee und einen Genever aus seiner letzten Reserve an. Er fand es nicht unstimmig, dass der alte Mann den Genever dem Tee vorzog. Er selbst hatte sich nur der Höflichkeit willen ein kleines Glas eingeschenkt, an dem er auch nur nippte. Noch immer hatte er den bohrenden Kopfschmerz nach den ‚Geburtsfeierlichkeiten' seiner ersten Edelreis-Implantierung nicht vergessen.

Lorenz hatte ihm ausgeschnittene Augen von Edelsorten mitgebracht und wollte ihm zeigen, wie sie auf seine alten Bäume zur Verjüngung auf kräftige alte Triebe gesetzt werden können, um in zwei Jahren dann die alten Hauptäste der Stämme zu entfernen. Er wählte für seinen Gelben Bellefleur und den Holsteiner Cox zwei Apfelbäumen aus. Für die späte Nordhäuser Winterforellenbirne und die frühe Nagowitzbirne ebenso zwei alte Birnbäume.

Wie er zu Werke ging, erkannte Jacub den Fachmann. Er fixierte die T-Schnitte mit Bast, legte über das Baumwachs einen neuartigen

Verband, der die Veredelungsstelle fest umschloss, aber das Auge frei ließ.

Von jeder der vier Sorten hatte er drei Augen mitgebracht und erzählte mit Nachdruck, dass er mit einem 80 % Erfolg seiner Arbeit rechnen wolle.

Lehrer und Schüler verbrachten einen vergnügten Nachmittag im Berg und Jacub war voller Stolz, dass der alte Lorenz seine Arbeit vom März so überaus lobte.

Jacub's Geburtstag

Zu seinem Geburtstag kam Hanne Krege ohne zu schellen mit einem Korb am Arm den Weg von der Pforte herauf und winkte ihm von weitem zu.

Er, der sich so betont bestimmter Tage erinnerte, die für ihn oder die Familie Bedeutung haben, hatte diesen vergessen. Wohl nicht vergessen, aber das Datum einem anderen Tag zugeordnet. Es war lange her, dass irgendjemand ihn zu seinem Namenstag besuchte und noch länger, dass es Hanne Krege war.

Es gab eine Zeit in seinem Leben, die mochte 40 Jahre zurückliegen, da kam Hanne jede Woche mindestens zwei Mal herauf. Sie putzte irgendetwas in seinem Haus, kochte einen Kaffee zu ihrem mitgebrachten Kuchen und war unermüdlich bemüht, ihm ihre Nützlichkeit unter Beweis zu stellen.

Ihm aber war klar, dass es ihr vor allem danach stand, einen Ernährer für ihre zwei Kinder zu gewinnen, nachdem ihr grobschlächtiger Mann sie verlassen hatte.

Obwohl damals Hanne recht proper war, sprang bei ihm der Funke nicht über und Hanne resignierte schließlich.

Jacub wusste nicht so recht mit Frauen umzugehen und ließ die ihm mehrfach gebotenen Chancen, es auszuprobieren, ungenutzt.

Als Hanne ausblieb, war es an Jacub, jegliche Gelegenheit zu meiden, ihr zu begegnen. So hatte er denn auch stets den oberen Weg zum Gottesacker gewählt, weil der nicht an ihrer Kate vorbeiführte.

Nun waren beide alt geworden und bei Jacub überwog die Neugier seine alten Hemmungen, und er beschloss, sich über Hannes Besuch zu freuen.

Er hängte rasch seine Schürze an den Nagel, versteckte sein verschwitztes Arbeitshemd unter der Tagesdecke auf dem Diwan und zog ein frisches Hemd über. Er wollte es sich nicht eingestehen müssen, seinen Geburtstag vergessen zu haben.

„ Alles erdenklich Gute zu deinem 75.“, sagte sie, nachdem sie eine kleine Verschnaufpause nach ihrem Anstieg eingelegt hatte.

„Woher weißt du, dass heute mein Geburtstag ist, noch dazu der 75.?“

„Ich weiß das“, sagte sie und stellte ihren Korb auf den Tisch. „Schön, dass du mit dem Kaffeetrinken gewartet hast“, schmunzelte sie und packte ihren Kuchen aus. „Hast du noch den bunten Kuchenteller von deiner Mutter, auf dem ich immer die Sonntagstorte serviert habe?“, fragte sie.

„Im Geschirrschrank wird er wohl noch sein, ich habe ihn seit Jahren nicht mehr benutzt. Warte ich werde ihn holen.“

„Bleib du nur sitzen zu deinem Geburtstag. Ich stehe ja noch und werde gleich das Wasser für den Schwarzling (Kaffee) aufsetzen.“

Hanne sah sich in der Stube um und rief durch die Tür nach draußen: „Du schläfst jetzt unten, ist dir die Treppe zu steil geworden?“

„Das nicht, aber es ist bequemer und die Stufen nach oben machen ein solches Spektakel, dass ich mir das ersparen möchte.“ Auf ihren fragenden Blick durch die Tür fügte er hinzu, „das Holz ist völlig ausgetrocknet“. „Du kannst es mal mit kleinen Keilen versuchen. Ich habe noch ein Dutzend, die werde ich dir vorbeibringen.“ *Sie sagte nicht, die kannst du dir bei mir abholen.*

Sie kam mit dem bunten Kuchenteller aus der Stube und sortierte ihren Kuchen darauf. Als der Wasserkessel summte, ging sie wieder hinein, brühte den Kaffee und stellte ihn zu den Tassen auf den Verandatisch.

Sie hatte in ihrer Geschäftigkeit noch nicht einen Augenblick lang gesessen, so dass Jacub sie jetzt förmlich bat, doch bitte Platz zu nehmen. Sie ließ sich auf dem einzigen Stuhl nieder, der für Besucher gedacht war und nicht neben ihm auf der Bank, weil sie sich noch genau erinnerte, dass er sich lieber über Eck mit seinen Gästen unterhielt.

Jacub registrierte dies mit Genugtuung und ließ sich Hannes Kuchen schmecken. Er prüfte in seiner Erinnerung, dass sie in der Zeit nichts von ihren Fähigkeiten eingebüßt hatte, hervorragenden Kuchen zu backen. Heute ihren unübertroffenen Butterstreusel und die Himbeertörtchen.

Hanne erzählte ihm, dass ihr Ältester ausgezogen sei, um in Hamburg auf einem Schiff anzumustern.

„Alfred war es immer schon zu eng in Leinzell und er sah beruflich hier keine Perspektive. Martin wohnt noch bei mir. Er arbeitet beim Kerschau in der Tischlerabteilung. Er hat im Herbst geheiratet und wohnt mit seiner Frau jetzt unten bei mir. Ich bin hochgezogen in die Schrägen, aber ich bin es zufrieden."

„Du bist ja noch gut zu Fuß, wie ich eben gesehen habe", lobte Jacub, um nicht das Gespräch auf sich zu lenken. „Hast du in all den vergangenen Jahren mal wieder etwas von Friedrich gehört?", versuchte er die alte Mauer zwischen ihnen wieder aufzurichten.

„Ja", lachte Hanne, die seine Absicht durchschaut hatte. „Ich wusste, dass du das fragst", setzte sie ernst hinzu. „Er ist vor vier Jahren in Fürth im Logis bei einer Witwe gestorben. Vielleicht hat er sich tot gesoffen. Er muss aber im Angesicht seines Todes noch ein schlechtes Gewissen bekommen haben, denn er hat einen Brief mit unserer Adresse darauf und Alfred sein Erspartes hinterlassen: 18 Thaler, 2 Mark und 46 Pfennige.

„Und für dich nichts?" „Doch, eine Kette!" Jetzt war Hannes Stimme voller Bitterkeit. „Meine Kette, die Kette meiner Mutter, die sie mir zur Hochzeit geschenkt hat und die er bei seinem

Abmarsch mitgehen ließ." „Aber er hat sie nicht versetzt oder verspielt", hielt Jacub dagegen. „Das sollte man ihm zugutehalten. Eine Spur von Respekt und vielleicht auch von „Gottesfurcht", setzte er hinzu.

„Wenn du es so siehst. Es ist heute egal, es ist zu lange her." „Aber warum nicht eine Kleinigkeit für Martin?", hakte Jacub noch einmal nach, der dieses Thema nicht so schnell verlassen wollte. „Von dem hat er nichts gewusst. Mit Martin war ich schwanger, als er sich aus dem Staub machte. Aber ich bin nicht gekommen, um über Fritz zu reden, sondern über dich und deinen Geburtstag." Und damit beendete Hanne das Thema und begann noch einmal Kuchen auf die Teller zu schaufeln.

„Der schmeckt wieder köstlich! Du hast das Backen nicht verlernt." „So was verlernt man nicht. Aber erzähle du von dir. In der Stadt erzählt man, du würdest jetzt den ganzen Tag auf deinen Bäumen sitzen. Du weißt doch wie die Leute reden."

„Ein Stück wohl war, 15 Minuten werden es schon sein und die Leute machen aus diesen 15 Minuten einen ganzen Tag. Bei jeder Tratsche kommt 1 Stunde dazu. Ich frage mich nur, woher sie das wissen wollen. Die Leute haben doch keine Ferngläser."

„Deine zwei Nachbarn unten können dich gut sehen, und die Leute haben wieder zwei Nachbarn und dann kommt schon der Lehmschupfer (Bäcker)." Hanne lachte, „man sieht, dass du auf deinem Berg hinter dem Mond lebst. Der Bäckerladen ist nur der Anfang.

Die richtige Tratsche beginnt beim Lonscher. Wenn der wegen seiner sauren Gurken in den Keller steigt, geht oben im Laden das butschen (tratschen, schwätzen) los und jeder weiß das Neueste und jeder weiß es besser. Und Ferngläser haben mehr Leute, als du denkst.

Aber was ist denn dran, an deinem Baumsitzen?" „Ich werde es dir erzählen, dann kannst du dich beim Lonscher einmischen."

Und Jacub erzählte Hanne von dem Buch seines Großvaters und seinem Besuch in Iggingen. Er erzählte von seinen ersten Versuchen des Edelreispfropfens und vom Lob des alten Gärtners. „Ich denke, seine Schwester wird es anderen erzählen und so entstehen die Geschichten."

Jacub machte das Erzählen von seiner neuen Leidenschaft Freude und er holte die letzte

Flasche Wein, die er noch besaß und entkorkte sie. Es war ein Trollinger, vier Jahre alt und er hoffte, dass er noch genießbar sei. Die Gläser aus seinem Küchenschrank, die er von ihrem Staub befreite, waren noch von den Eltern, Jacub hatte sie selten benutzt.

Der Wein passte in den wunderbaren Abend zu seinem 75. Geburtstag und Jacub schwankte, nicht wörtlich genommen, zwischen dem Genuss des Augenblicks und der Erinnerung an seinen Genever. Er entschied sich für einen Mittelweg, dessen Wertung er erst vornahm, als sein Festtag schon Geschichte war.

Heute war es erst einmal sein Geburtstag. Wie so vieles in seinem Leben, was ihn überraschte, er fand tatsächlich eine weitere, nun tatsächlich letzte Flasche von dem Trollinger.

Er sprach mit Hanne viel Belangloses, was nicht den Kern ihres und seines Lebens berührte, nicht ihrer Kinder und nicht seines Berges. Sie sprachen über die Zeit, die vergangen war. Über seine Wege zum Friedhof, den neuen Gallach (Pfarrer), seinen, wie er beschwor, letzten Besuch im „Weißen Hirsch“. Vor allem aber über seine neue Leidenschaft, das Veredeln von Obstbäumen.

Hanne war hier so freundlich, Interesse zu zeigen und ihn in seinem Streben zu unterstützen. Wie es eben Frauen so tun, wenn sie möchten, dass eine in Jahrzehnten verschüttete Gemeinsamkeit wieder auflebt.

Der Besuch Hannes und die Aufwertung seines runden Geburtstages hatten Jacub echte Freude bereitet. Vor allem erkannte er, dass er drauf und dran war, ein Eigenbrötler zu werden. Nein, er wusste, dass er es längst geworden war.

In seinem Haus und in seinem Leben war kein Platz mehr für einen Anderen, der sein gewohntes Leben durcheinander brachte. Schon gar nicht für eine Frau, die seine Schuhe von ihrem Platz verstellte und seinen Mantel vom Haken nahm, um ihn in einen Schrank zu hängen.

Aber trotz allem – die Freude über Hannes Besuch war geblieben. Gelegentlich ein kurzer Besuch, - das würde er schon mögen.

Mit Frauen hatte er im Leben kein Glück gehabt. Heute war er überzeugt, dass dies vor allem an ihm lag. Er konnte nicht unterhalten. Ihm fehlte die Gabe, andere im Gespräch zusammen zu führen, für einen Gegenstand zu begeistern oder auch nur zu interessieren. Das mag daran gelegen haben, dass er sich selbst nicht für irgendetwas besonders begeisterte, in das er andere hineinziehen konnte. Er hörte lieber zu.

Andere Burschen machten aus Kleinigkeiten eine große Sache, wussten sich selbst in Szene zu setzen und vermochten ganze Gesellschaften an Themen zu fesseln, die ihm fremd waren.

Das aber mochten die Frauen. Auch die Mädchen schon, in der Schule. Dabei war er nicht schüchtern, und wie die Mutter ihm immer wieder beteuerte, groß und von gutem Aussehen.

Wenn Mädchen an ihm Interesse zeigten, wusste er nicht, wie er solche Art zarte Pflänzchen hüten und mehren sollte. Er gab immer nur Antworten und stellte keine Fragen.

Doch auch solche Männer finden ihre Frauen, das wusste er. Es gab in seiner Familie, sowohl von der Seite des Vaters, als auch der Seite der Mutter, keinen Mann, der ohne Weib und Kind geblieben war.

Den letztlich entscheidenden Grund dafür, dass er allein blieb, sah er in der großen

Enttäuschung, die ihm als junger Mann widerfahren war und die seine Seele zutiefst verletzt hatte.

Er war mit Nachbarkindern aufgewachsen, zwei Buben und einem Mädchen. Die Buben waren älter und interessierten sich nicht für ihn, höchstens für Katharina, was ihre Geburtstage immer wieder zeigten.

Das Mädchen, nur ein Jahr jünger als er, dessen Namen auch nur auszusprechen er sich abgeschworen hatte, warb allenthalben um ihn.

Mutter erzählte oft, dass sie schon im Sandkasten zusammen gespielt hätten und nichts ohne den anderen tun wollten. Das blieb so auch in der Schulzeit und später in der Tanzschule. Diese besuchten alle aus bürgerlichem Haus, wenn sie 16 Jahre alt waren.

Ihr zuliebe hatte seine Mutter ihn ein Jahr später dort angemeldet, so dass sie auch diese Erfahrung gemeinsam machen konnten.

Er war zu dieser Zeit auf der Mittelschule, die es damals in Gmünd schon gab. Ihre Eltern schickten das Mädchen ihm nach auf das eben dort gegründete Lyzeum, um auch in der

Bildung ein Gleichmaß zwischen beiden herzustellen.

Beide Familien waren überzeugt und willens, dass beide Kinder einmal auch den weiteren Lebensweg gemeinsam gehen sollten.

Da kam es zu einem Beschluss der Schulleitungen, dass am Ende des Schuljahres vor den Sommerferien, Jacub war da schon in die letzte Klasse versetzt, alle Klassen beider Schulen an einem Sommerlager teilnehmen sollten. Dafür war ein neu errichtetes Landschulheim in Sixenhof, einem Dorf, das nur aus zwölf kleinen Katen und einem Rittergut bestand, vorgesehen.

Es war eine Zeit, in der viele neue Ideen der Pädagogik in die deutschen Länder, besonders hier im Süden, einzogen.

Die Studienräte und die Mädchen wurden in den festen Gebäuden untergebracht, die Knaben aller Jahrgänge schliefen auf den üblichen Haferstrohsäcken in zwei großen Scheunen, die zu dem benachbarten Rittergut gehörten. Unter Aufsicht natürlich der jüngeren Lehrer und der Pedells beider Schulen.

Es gab nur den Sport, besonders das Laufen und Turnen als schulische Aufgabe. Der andere Unterricht war mit dem Ende des Schuljahres ausgesetzt.

Beide sahen sich in dieser Zeit am Tag nur zu den gemeinsamen Mahlzeiten in der großen Diele der Anstalt und nach dem Abendbrot, wenn noch 1 Stunde Freizeit angesagt war. Sie gingen dann meist zusammen spazieren oder erzählten vom Tag, wobei sie erzählte und er ihr zuhörte.

Einmal kam sie nicht zum vereinbarten Treffpunkt und er ging nach ihr zu suchen. Er fand sie in flagranti mit einem Burschen im Heu in dem Stadel neben der Schlafscheune. Beide waren nackt und so miteinander beschäftigt, dass er zur Salzsäule erstarrte. So versteinert, dass er verharrte, bis sie plötzlich seine Gegenwart bemerkte und ihm in die Augen sah. Diesen Blick hat er nie vergessen!

Er war außer sich geraten, von einer unbegreiflichen Trauer, Enttäuschung und Wut. Er griff einen Reisigbesen, der an der Wand stand und schlug auf die beiden ein, auf die nackten Körper, die sich noch eben lustvoll und stöhnend aufeinander bewegt hatten.

Er schlug blindlings, und er schlug noch, als beide mit ihren zusammengerafften Sachen die Scheuer schon verlassen hatten.

Nie vergessen hat er die letzten Tage in diesem Sommerlager und die Gefühle, die ihn durcheinander warfen und den Aufschrei seiner Seele.

Nur seiner Mutter, niemand sonst, hat er davon unter Tränen erzählt, als sie ihn ständig mit Fragen bedrängte, warum er sich vom Nachbarhaus fern hielt.

Er mied jegliche Begegnung mit diesem Mädchen und er mied das Nachbarhaus. Einladungen von Freunden, bei denen auch sie geladen oder nur zugegen war, schlug er aus, so dass bald bekannt wurde, dass sich beide tief zerstritten hätten. Die beiden Mütter haben sich wohl ausgetauscht, denn das Mädchen wurde von den Eltern vom Lyzeum genommen und in das Lyceum in Aalen zu einer Tante gegeben.

Jacub hat sie nie wieder gesehen und ihren Namen nie mehr ausgesprochen. Er hatte auch im späteren Leben nie begriffen, wie ein Mädchen, das, was er als Gabe im Ehestand dargeboten zu bekommen hoffte, so wegwerfen und missachten konnte.

Vor allem aber den Verrat, wie er es nannte, konnte er nicht verstehen und nicht verzeihen und hat ihn den Frauen als Ganzes angelastet. Wohl nicht logisch und schon gar nicht gerecht, wie er ebenso wusste, aber so war er eben.

Auch die zarten Bemühungen seiner Mutter, sein Leben auf eine neue Beziehung zu lenken, haben daran nichts geändert. Auch eine mögliche Beziehung zu Hanne war daran gescheitert, das heißt, sie ist gar nicht erst zu Stande gekommen. Hanne war 10 Jahre jünger und sehr bemüht, seine Zuneigung zu gewinnen. Und sie war hübsch und fröhlich. Er konnte sich ihr nicht erklären. So hat sie sich schließlich als abgelehnt gesehen und mit 25 Jahren, was für die Mädchen damals schon spät war, Friedrich den Schmied zum Mann genommen.

Der geschickte Martin

„Ich bin der Martin", hatte der junge Mann gesagt, als er mit kräftigem Schritt zu Jacubs Haus heraufgestiegen war und ein kleines Paketerle auf den Verandatisch legte.

„Von meiner Mutter, es ist ein Streusel", sagte er statt einer Begrüßung. „Ich bringe auch die Holzkeile für die Treppe. Wenn Sie mögen, will ich sie gleich einschlagen, ich verstehe mich darauf."

Jacub besah sich die Holzkeile. Sie waren so dünn und fein gearbeitet, dass er sie so hätte nicht machen können. „Du bist beim Kerschau in der Werkstatt", sagte er. „Ja, vielleicht führe ich sie ja einmal. Der Altgeselle will den Meister nicht machen und der Kerschau hat keinen Erben. Dann hätte ich hier eine Perspektive, jetzt wo ich Familie habe." „Ist es denn schon eine Familie?", fragte Jacub, selbst erstaunt über seine Neugier. „Na, unterwegs", lachte Martin, aber zeigen Sie mir erst einmal die Treppe, dass ich schauen kann, wie dem Knarren abzuhelfen ist.

Jacub ging mit ihm in die Stube und in die dahinter liegende Kammer, von der die Stiege nach oben führt. Martin schaute sie sich sorgfältig an, stieg ein paar Mal nach oben und wieder herunter und bei jedem Knarren und Ächzen, das Jacub die Benutzung der Treppe verleidet hatte, forschte er nach den Gründen.

„Die Keile werden allein nicht helfen“, meinte er, „aber ich werde erst einmal anfangen, ehe ich an das Weitere denke.“

Er entnahm seiner Tasche einen Hammer, wie ihn wohl die Zimmerer verwenden und begann die ersten Keile seitlich unter den Zargen der Stufen einzuschlagen.

Die Wirkung war verblüffend und Jacub, der so stolz auf seine Renovierungen war, sah mit Beschämung, dass er nicht selbst auf diese Idee gekommen war.

Mit Martins Geschick und einem Dutzend seiner Keile war wohl dem ärgsten Ächzen und Knarren abgeholfen, doch ein Knarren blieb. „Das liegt an dem gesamten Körper der Stiege, nicht allein an den Stufen, wo sie mit der Zarge verbunden sind. Ich werde sie vermessen und die Stellen finden, wo wir dem Knarren gänzlich beikommen können.

Die Stiege ist wohl einmal von einem Brettler gefertigt, nicht von einem Schreiner. Da hilft nur, sie sich als Ganzes anzuschauen.“

Jakob war erst einmal zufrieden und er bot dem jungen Mann seinen Genever, der noch immer eine halbe Hand breit in der Flasche war.

Sie saßen auf der Veranda und Martin hatte sich neben ihn gesetzt. Und er kam mit einem Anliegen heraus. „Die Treppe hat mir die Mutter aufgetragen, aber mich treibt ein anderes Anliegen.

Die Mutter erzählte mir von den Veredelungen am Obst, die Sie machen. Das würde ich gern auch lernen für die Stemmerlinge (Bäume, Obstbäume) in unserem Garten hinter dem Haus. Es sind alles Pommer und Schitling (Äpfel und Birnen)."

Das fuhr in Jacub wie ein Funken, da er schon darüber grübelte, wie er die Hilfe Martins lohnen sollte. So bot er ihm an, in seinem Garten nach den Bäumen zu schauen und mit ihm einen Plan für eine Verjüngung und Veredelung zu machen.

Morgen, am Sonntag, wenn Martin nicht zur Arbeit müsse, wolle er kommen.

„Aber wenn sie jetzt den Streusel nicht probieren, wird Mutter grantig sein", lachte

Martin und wies auf das Paket, das immer noch ungeöffnet auf dem Tisch lag.

Erschrocken nahm Jakob den Kuchen aus dem Papier, und beide ließen sich den herrlichen Streusel schmecken, der auf wattezartem Hefeboden einen Butterstreusel hatte, wie ihn nur Hanne backen konnte.

Am Sonntag nach dem Mittagsmal, dass heute nur aus einem Bohnengericht bestand, stieg Jacub nach unten zur Stadt und unten den Mulfinger Weg entlang zu Hannes Kate, die er heute nun nicht mehr meiden konnte und auch nicht wollte.

Das Haus war nicht wieder zuerkennen! In seinem Putz und der Farbe erschien es ihm größer und neuer, als in seiner Erinnerung.

„Meine Arbeit vor der Heirat“, sagte ihm Martin, der ihn vor der Haustür begrüßte und sein Erstaunen bemerkte und richtig gedeutet hatte. Hanne war wohl nicht Zuhause.

Martins Frau Johanna kam ihnen an der Tür entgegen und lud zum Eintritt. Jacub konnte sehen, dass der ‚Familiennachwuchs‘ schon im Begriff war, obwohl die junge Frau die weite Kleidung trug, die damals für Frauen ab Mitte der bevorstehenden Mutterschaft geboten war. Jacub wollte jedoch erst einmal in den Garten gehen und sich den Baumbestand anschauen.

Der Garten hinter dem Haus war größer, als der kleine Vorgarten vermuten ließ. Er streckte sich bis in die Tiefe und Weite der Nachbargrundstücke und endete am Regenwassergraben, der am oberen Weg entlang führte.

Jacub resümierte einen Moment. Wie töricht seine Wegwahl doch immer war, wenn er hier auf dem Weg zum Friedhof an Hannes Gartenland vorbeiging.

Gut 10 Meter waren den Gemüsebeeten vorbehalten. Hinter einer Reihe von Strauchbeeren standen in der sauber gemähten Wiese die Obstbäume. Es waren alte Bäume, aber sie waren gesund und kräftig und er meinte, dass sie zur Verjüngung und Veredelung geeignet seien.

Da das Obst schon soweit gewachsen war, dass man einige der Sorten erkennen konnte, machte sich Jacub Notizen, um die Reise auszuwählen, die für eine Veredelung am besten geeignet waren.

Er schöpfte aus dem Wissen, das Lorenz ihm vermittelt hatte und konnte mit Stolz wahrnehmen, wie sich Martin davon beeindruckt zeigte.

Als sie mit ihrer Visitation zu Ende kamen, stand Hanne hinter ihnen und bat zu einer Kaffeetafel in nun Martins Parterrewohnung.

Hanne machte es betont zurückhaltend und vermied jede Geste, die Martins Frau in die zweite Reihe gesetzt hätte.

Sie kannte ihren Jacub und sah mit Genugtuung, dass er sich offenbar wohl fühlte.

Er verabredete mit Martin einen der Sonntage im Oktober, um einen ersten Freischnitt des alten Holzes vorzunehmen. Als Hanne mit einer Flasche Grauburgunder kam, ließ er sich auch gern zu dieser überreden.

Auf dem Heimweg am Abend, spürte er immer noch den Willen, einer zu engen Bindungen an Hannes Haus einen Riegel vorzuschieben. Aber warum eigentlich? Er wusste es nicht.

Es waren immer noch die Verletzungen seiner Seele, die nun schon fast 60 Jahre zurücklagen. Jacub beschloss vorerst nicht weiter darüber nachzudenken.

Zeit der Obstbaumveredelung

Die Zeit des Wartens auf den aufbrechenden Frühling, in dem er mit den Veredelungen der Obstbäume in seinem Berg fortfahren konnte, wurde ihm unendlich lang. Er konnte sich nicht erinnern, so sehnsuchtsvoll den Herbst und den Winter hatte vorübergehen lassen.

Seine täglichen Spaziergänge wurden deshalb etwas länger und überschritten die Margen, die er sich dafür selbst seit langem gesetzt hatte und die ihm nun auch das Alter nachdrücklich setzte.

Am oberen Zaun seines Grundstückes war das Tor, dass er mehr nutzte, als das untere zur Stadt gelegene.

Es war schon zu den Zeiten seines Großvaters mit einem schweren Schloss gesichert, obwohl es einfacher war, das Gatter zu übersteigen, als sich an diesem Schloss zu schaffen machen. Es war also mehr ein Symbol, wie das Herzeigen der Folterwerkzeuge im Mittelalter, um zu sagen: „Halt, hier kein Durchgang!“

Für gewöhnlich war er von hier aus in nordöstlicher Richtung auf einem Pfad in das sanft ansteigende Hügelland gegangen, bis zu dem Fahrweg, der von Mulfingen über die Höhe nach Schönhardt führt. Das war meist der Punkt, an dem er umkehrte und dabei einen zweiten Pfad nutzte, der über den Gemeindewald Iggingen am südöstlichen Ende wieder auf sein Berggrundstück traf.

Es war ihm immer eine Erleichterung, die letzten 50 Meter von hier den leicht abfallenden Weg zum Tor zu nehmen.

Jetzt aber stieg er höher, einen Weg, den er nur zwei oder dreimal in seinem Leben bisher gegangen war. Hinauf zu dem Plateau der Köhler, die den Landkreis mit ihrer Holzkohle versorgten, und zu dem Weiler nahe den Resten des römischen Limes, die alle nur die Teufelsmauer nannten.

Hier verweilte er oft bei der herrlichen Aussicht nach allen Seiten, die schon jetzt im Herbst in der Sonne ein ockerfarbenes Licht auf die Felder und Hügel warf.

Auch im Winter verweilte er hier, wenn die Feuer der Köhler erloschen waren. Er genoss den fast endlosen Blick, der in schieres Weiß gegossenen Landschaft.

Er hätte auch gern mal ein Bier hier getrunken. In dem Weiler gab es kein Gasthaus. Als er erfuhr, dass es vor dem kleinen Kramladen in Schönhardt einige Bänke und Tische gab, an denen am Abend die Männer ihr Bier tranken, war es Winter geworden und die Tische hochgeklappt.

Sein Berg war das östlichste Grundstück der Stadt und hatte keine Nachbarn. Einmal war es die abfallende Leite zur Lein im Süden, zum anderen die fast ebene Wiese, die sich den kleinen Feldern von Mulfingen im Norden anschloss.

Eigentlich war das gesamte obere Drittel seines Berges schon Göggingers Gebiet, zu dem auch die Flur von Mulfingen gehörte.

Auf seinem Weg nach oben zum Wald musste er die Lein überqueren, was nur über eine altersschwache Holzbrücke möglich war. Sie war über die Jahre immer baufälliger geworden. Weder in Göggingen noch in Leinzell interessierte man sich dafür.

Jetzt, wo die Stadtverwaltung in Göggingen saß, war Göggingen quasi doppelt zuständig. Aber alle Interventionen Jacubs beim Bauamt der Stadt, wurden mit dem Hinweis auf leere Kassen abschlägig beschieden. Lediglich eine Holztafel wurde angebracht mit der unstimmigen Aufschrift: „Kein öffentlicher Weg. Benutzung auf eigene Gefahr.“

Trotzdem ging Jacub täglich über diese Brücke und hatte so immer zweimal das Erlebnis, sich die Folgen eines Absturzes in den hier geteilten Flusslaufes vorzustellen.

Jacub spürte zwar, dass ihm die Wege zusetzten, aber er spürte auch, dass sie ihm gut taten. Er fühlte sich nach der Ermattung des Weges kraftvoller. Er spaltete Holz und er wurde geduldiger, auf den Frühling zu warten. Und natürlich kam der, ohne sein Zutun.

Er überraschte ihn Ende Februar mit einer Warmwetterperiode. Die ließ das Thermometer auf 12° ansteigen und wieder einen Kälteeinbruch am 8. März mit 5° unter dem Gefrierpunkt.

Gerade diese seltenen Wetterkapriolen bestärkten ihn in der Überzeugung, dass er seine Aufgabe, wie er sie so fühlte, mit Eifer und Fleiß voran treiben müsse.

Er, der für gewöhnlich tief und traumlos schlief und früh morgens stets frisch und ausgeruht erwachte, hatte einen Traum. Dieser zeigte ihn inmitten eines weiten Feldes von Blüten und gleichzeitig Früchte tragender

Bäume in einem Knäuel ineinander gewundener Schlangen, die nach den Früchten züngelten. Er hatte nie solch einen Traum in seinem Leben gehabt, auch früher nicht, außer denen, die in der Pubertät normal sind.

Deshalb erzählte er diesen auch Hanne, als sie wieder einmal mit ihrem Korb von der Stadt zu ihm herauf gestiegen war, um zu sehen, dass er seine tägliche Nahrung nicht allzu sehr vernachlässigte.

„Die Schlangen sind, was dich an der Erfüllung deiner Träume hindern will: Fehlende Kraft, fehlender Fleiß, fehlende Erfahrung und die Unbilden des Wetters, wie Hitze, Trockenheit und böse Winde“, sagte sie.

Jacub war beeindruckt von der Fantasie und der zielgenauen Benennung der Traumgestalten. Auch ihre Deutung des blühenden und früchtetragenden Gartens, in dem sie den Eifer und Erfolg seiner Arbeit sah, beeindruckten ihn.

Hanne kam nicht oft. Jacub freute sich immer über Ihren Besuch. Dafür kam Martin öfter, meist nur für 1 bis 2 Stunden nach der Arbeit. Immer mehr glitt ihr Gespräch von dem

Warten auf den Frühling auf die Dinge des Alltags.

In Jacub begann eine große Vertrautheit zu dem jungen Martin anzugehen. Er beobachtete mit zunehmend innigen Gefühlen dessen Einsichten in das Leben, wie es in ihrer abgeschiedenen Einfachheit so dahin lief.

Als in der letzten Woche des März endlich der Frühling nicht mehr von der Eisfee des Winters bedroht war, machten Jacub und Martin ihre Pläne, um gemeinsam in beiden Gärten die Veredelung der Obstbäume in Angriff zu nehmen. Jacub wollte in Martins Garten beginnen, um dessen Interesse und Eifer wachzuhalten. Er suchte in der Stadt nach Lorenz Schwester, um sich ausreichend neue Edelreiser von ihm kommen zu lassen.

Für Jacub begann jetzt der eigentliche und wichtigste Abschnitt seines Lebens, wie er empfand, als er mit Martin durch die Bäume ging, das alte Astholz absetzte und die Edelreiser aufbrachte. Sie pfropften und okulierten. Jakub empfand es wie einen Rausch. Wenn Hanne nicht ganz im Hintergrund darauf geachtet hätte, das er eine Mahlzeit nahm, hätte er diesen Rausch der

Arbeit wohl nicht ohne körperlichen Schaden überstanden.

Zehn Bäume in Martins Garten und 14 in dem seinen bekamen Edelreiser der neuesten Sorten, die sie erwerben konnten.

Sein Leben in dieser Zeit begann morgens nach einem schnellen Frühstück oben in den Bäumen und folgte nach dem Mittagessen mit der Weiterführung seiner Arbeit und endete abends mit der Bereitstellung der Werkzeuge für den nächsten Tag.

Selbst für das Mittagessen, das wie durch Zauberhand auf seiner Veranda stand, wie auch vorher schon auf dem Tisch der Sitzgruppe hinter Hannes Haus, ließ er sich nur wenig Zeit, so dass Hanne sich nicht zur Ablenkung neben ihn setzte.

Die Ruhe, die er sonst nach seinen Mahlzeiten liebte, opferte er jetzt seiner neuen Leidenschaft. Denn Martin hatte ja nur am Sonntag und in den Abendstunden Zeit, die er benötigte, dem Martin die Techniken beizubringen. Techniken, die er eben gerade erst selbst erlernt hatte und stetig perfektionierte. Martin war handwerklich sehr geschickt und lernte schnell all' die Methoden der Veredelung, die

Jacub an den Bäumen in beiden Gärten ausprobierte.

Sie übten alle Methoden, die in seinem Büchlein beschrieben waren oder ihm Lorenz gezeigt hatte.

Da in Martins Garten drei kleine Walnussbäume standen, deren Nüsse er als minderwertig bezeichnete, beschloss Jacub den Lorenz auch nach neueren Sorten für Nussbaum zu fragen.

Martin erzählte ihm, dass er und sein älterer Bruder als Kinder die Nüsse mit einem Hammer geöffnet und dann mit einem Schraubenzieher ausgepuhlt hätten, da sie anders nicht aus der dicken Schale zu holen waren. Martin hatte deshalb den mächtigen Baum gefällt und nur drei kleine Bäume, deren Samen die fleißigen Eichhörnchen im Garten vergraben hatten, stehen lassen.

Es blieb in der Stadt nicht verborgen. Bald kamen Bürger, die nur einen oder zwei Obstbäume in ihren kleinen Gärten hatten, und baten Jacub, auch ihnen ein Edelreis auf die Bäume zu setzen. So kamen die neuen Sorten auf die alten Apfel- und Birnbäume in der Stadt. Vor allem kamen aber die vielen neuen Kirschsorten auf die alten Kirschbäume, die fast in jedem Garten standen.

Am häufigsten setzte er die Knorpelkirsche, die zu den Süßkirschen gerechnet wird und die Herzkirsche; Reiser und Augen, die Lorenz in seiner Vermehrung hatte.

Er nahm dafür einen Preis, den auch Lorenz verlangte, der aber wegen ein oder zwei solcher Veredelungen nicht seine Arbeit in Iggigen aussetzen mochte.

So gab es keinen Streit zwischen den Männern. Im Gegenteil, Lorenz unterstützte ihn mit vielen Ratschlägen, vor allem als Jacub anfing Birne auf Apfel und Apfel auf Birne zu setzen. Er nannte und lieferte ihm die Sorten, die da zueinander-passten.

Er überraschte Jacub auch mit einer neuen Walnusssorte, die das dreifache an Größe, als die üblichen Nüsse aufwies, leicht aus der Schale zu knacken war und ein wunderbares Aroma hatte.

Davon setzte Jacub je vier Reiser auf die jungen Walnussbäume in Martins Garten und übte das Lamellenpfropfen auf dem kräftigsten der drei Bäumchen.

Als abends die schwindende Helle des Tages ihrem Werken ein Ende setzte, sie auf der Veranda seines Hauses ihr Bier tranken, resümierte er, dass nun bald in ihren Gärten nichts Neues mehr zu tun sei. Es klang befriedet. Jedoch stand dahinter die Frage, wie sie die gewonnenen Fertigkeiten nun weiter üben und auf die Grenzbereiche des heute Praktizierten in den deutschen Baumschulen ausdehnen könnten.

„Wir sollten uns einmal den Anger unten am Fahrweg nach Mulfingen ansehen“, sagte Martin. „Er gehört der Stadt. Er ist völlig verwildert, gebrochene Bäume und nicht geräumt. Das Gras wird von den Jenischen als Grünschnitt für ihre Tierhaltungen geerntet, ohne Ordnung, so wie jeder will.“

„Wo ist das?“, fragte Jacub, der diesen Anger nicht kannte. Er kam eben wenig nach unten und manches Neue dort war an ihm vorbeigegangen.

„Neben dem Stummel“, erklärte ihm Martin, „wo die Straße endet, die einmal nach Mulfingen und Horn und darüber hinaus nach Heuchlingen und Abtsgmünd gebaut werden sollte. Aber dort war schon Gögginger Gebiet und ist wohl deshalb liegen geblieben.“

„Aber warum ist das Land nicht bewirtschaftet oder verpachtet?“

„Das weiß ich nicht. Das Fallobst nehmen die Kinderreichen, die am Westrand nach Brainkofen hin wohnen und keine Gärten haben.“

„Das wollen wir uns anschauen. Ich kann mit dem Bürgermeister in Göggingen sprechen,. Vielleicht überlässt er uns die Bäume. Es käme dann für die Armen hier im Ort ein Vorteil heraus, wenn wir dort mit gutem Obst veredeln.“

Martin und Jacub waren sich einig und verabredeten den Sonntag, den Anger und seinen Baumbestand zu besichtigen.

Der Anger war ein 20 Meter breiter Wiesenstreifen neben dem alten Fahrweg, an dessen östlichem Ende ein Bauer aus Mulfingen seinen Stalldung gelagert hatte. Es waren wohl an die 30 Bäume, Äpfel zumeist, aber auch Birnen und Kirschen. Alle älter als 60 Jahre. Ein gutes Dutzend nach Jacubs Überzeugung noch zu erhalten und zu verjüngen.

Besonders interessierte ihn auch eine Reihe von Quitten, die den Anger nach Norden hin abschloss. Ein Fußweg, der unterhalb seines

Berggrundstückes am Hang entlang lief, schloss ihn nach Süden hin ab.

Die Sonne zur Mittagszeit hatte ein merkwürdiges Flimmern über die ‚Weinberge' gelegt, das von einem Berg zum anderen sprang, die alten Weinreihen hinauf-und herab lief, wie ein Kobold. Martin meinte, das käme vielleicht von den Vogelscheuchen, die noch in dem Wein stehen und das Licht reflektierten. Aber ganz überzeugte das Jacub nicht und er drehte sich immer wieder um und schaute die Weinberge hoch, als sie nach Hause gingen. Martin wurde zum Mittagessen erwartet, so das Jacub seinem Berg zu strebte.

Heute würde er nicht mehr in den Bäumen arbeiten. Er hatte Linsen eingeweicht, die gut aufgegangen waren, die er kochen wollte. Dazu mit Scheiben einer Speckblutwurst, die er schon eine Woche lang im kühlen Keller unter der Kammer an der Treppe für diesen Zweck aufbewahrte. So machte er es.

Als der Eintopf fertig war, gab er einen Esslöffel Weinessig hinzu und einen halben Teelöffel Zucker und setzte sich zum Essen an den Verandatisch.

Es war seit gut 14 Tagen die erste Mahlzeit, die er ganz entspannt und in Ruhe zu sich nahm und die ihm deshalb auch ganz besonders mundete. Er ließ die Mittagsruhe und stieg zur Mitte des Berges hinunter, wo er seine Blumen hatte und jätete das Unkraut. Dann schnitt er einige Blumen zu einem Strauß und nahm ihn mit nach oben.

„Die sind wohl für mich“, hörte er Hanne, die ohne dass er es bemerkt hätte, den Weg herauf gekommen war.

„Natürlich, für wen sonst, niemand sonst überfällt mich ja in meiner Mittagsruhe“, lachte Jacub und wollte Hanne den Korb abnehmen, den sie am Arm trug. Hanne wehrte ab. „Lass das nur meins sein“, sagte sie. „Mein Beitrag für deine Naturerneuerung! Man spricht ja schon darüber.“

„Ich hoffe in nicht allzu abhold.“

„Nein, gar nicht, im Gegenteil, man sieht in dir deinen Großvater, der ja ein geachteter Mann war. Aber du hast recht, so positiv zu reden ist selten in unserem Dorf.“

Hanne stellte ihren Korb auf dem Verandatisch und begann ihn auszupacken. „An dieser guten Meinung hat sicher auch die Schwester von Lorenz einen Anteil, die ja beim Lonscher einkauft und mit den Weibern quatscht."

Hanne hatte wieder einen Streusel, aber diesmal mit Haselnüssen darauf, die sie in ganz feine Streifen geschnitten hatte. Sie ging zur Stube, um das Wasser für den Kaffee aufzusetzen und den Kuchenteller zu holen.

Jacub wollte ihr dabei helfen, aber Hanne wehrte ab, lachte und sagte, „setze du dich nur an deinen geliebten Platz und strecke die Beine unter den Tisch. Es ist ja wohl selten genug, dass eine Frau dir hier den Tisch deckt." Jacub folgte gerne.

Er spürte mit Wohlbehagen, dass die Abwehr, die er so lange gegen Hannes Zuwendungen empfunden hatte, geschwunden war. Und als der dampfende Kaffee auf dem Tisch stand, empfand er zum ersten Mal tiefergehend, was er über Jahre vermisst hatte.

„Martin ist mir ein wertvoller Gesell geworden", sagte er, als er ein Stück von dem Streusel in die Hand nahm. Dabei sah er, dass seine Hände noch schmutzig vom Unkraut jäten waren. Beschämt stand er auf und ging zur Stube, um sich die Hände zu waschen. Er glaubte, dass Hanne dies mit einem achtungsvollen Blick quittierte. Aber sie sagte nichts.

„Martin hat in seinem Wesen viel von dir“, fuhr er in seinen Gedanken fort. „Er ist höflich und freundlich zu mir und überaus wissbegierig. Ich bin sehr froh, dass er mein Interesse teilt und mir so behilflich ist.“

„Das gleiche sagt Martin von dir. Ich bin glücklich, dass Martin dieses Interesse hat und nicht im Wirtshaus sitzt“, sagte sie leise und nachdrücklich, nach einer kleinen Pause des Nachdenkens.

„Wir wollen unten am Anger neben dem Fahrweg nach Mulfingen eine alte Auflassung der Stadt mit alten Obstbäumen in die Pflege nehmen, um in der Übung zu bleiben und Neues auszuprobieren“, führte Jacub das Gespräch fort. „Ich will den Bürgermeister von Göggingen fragen, ob er dafür sein Einverständnis gibt, es könnte für die Armen der Stadt ein Labsal sein.“

„Sicher, Martin hat mir schon davon erzählt. Er wird auch dabei sein, wenn es sein Heim zulässt. Aber er soll Johanna jetzt nicht so viel alleine lassen, gerade jetzt braucht sie ihn.“

„Ja, das verstehe ich, auch ich will es jetzt geduldiger angehen“, erwiderte Jacub. „Dieses Jahr war zu hitzig. Ich habe fast die Übersicht verloren und mir deshalb einen Plan auf Papier machen müssen, mit allen Bäumen und allen Reisern, die wir darauf gesetzt haben.“

Hannes Kuchen war wieder so vorzüglich, dass Jacub auf sein Abendbrot verzichten wollte. Als Hanne dem zustimmte, konnte er sie wieder zu einem Trollinger überreden.

Es war ihm nun schon mehr als eine Befriedigung, dass er sie dazu nicht überreden musste, sondern ihr eine Freude machte. Eine neue Qualität der Beziehungen in seinem Leben.

Jacub's Anliegen

Jakob nahm sich den Donnerstag, um sein Anliegen in Göggingen vorzutragen. Er wusste, wie gedrängt immer die Montage in den Verwaltungen waren und wie unwillig Beamte sich am Mittwoch von ihren privaten Vorhaben abhalten ließen. Er hatte sich jedes Wort überlegt, und jedes Argument, dass er sagen wollte.

Im Rathaus waren die Maler am Werk und der Beamte für Landwirtschaft und Fluren in ein Notquartier ausquartiert worden, so dass er mit seinem Anliegen direkt zum Bürgermeister kam. Die wenigen Male, die sie sich bisher begegneten, waren immer getragen von dem Respekt, den er sich in seinen Amtsjahren erworben hatte. So auch heute, als er sein Anliegen vortrug.

Es gibt überhaupt keinen Grund, der seiner Bitte entgegensteht, sagte ihm der Bürgermeister. Nur Sicherungen könne die Stadt nicht übernehmen, für den Schutz seiner Arbeit vor Vandalismus oder auch für Unfälle, die ihm selbst bei seiner Arbeit zustießen. Das war Jacub klar und sie schieden in bestem Einvernehmen.

Jacub nutzte die Gelegenheit in Göggingen einige Einkäufe zu tätigen, die er in Leinzell nicht machen konnte. Zuerst einen Packerl geschnittenes Papier für Bögen, auf denen er seine verjüngten Bäume und die darauf gesetzten Reiser einzeichnen konnte und eine Rolle von Banderolen mit Klebstreifen zur Kennzeichnung der im Winter geschnittenen Edelreiser. Nun einmal hier, versorgte er sich auch mit Naturalien für seine bescheidene Küche, was ihn der Gefahr enthob, beim Lonscher unbequemen Fragen ausgesetzt zu sein.

Auf dem Heimweg ging er bei Hanne vorbei und erzählte von seiner Übereinkunft mit dem Bürgermeister und bat Martin davon zu berichten.

Am Abend kam Martin bei ihm vorbei, und Jacub berichtete ihm noch einmal in aller Ausführlichkeit. Aber Martin hatte ein anderer Grund zu ihm auf den Berg getrieben. Der Altgeselle in seinem Betrieb hatte ihm ein Okuliermesser von seinem Großvater geschenkt. Nun besaß Martin ein eigenes Messer und war stolz und glücklich darüber.

Ein Trauerfall

Am folgenden Tag erhielt Jacub eine Depesche, die erste, die er in seinem Leben erhalten hatte. Katharina drahtete ihm, dass ihr Mann gestorben sei. Die Beerdigung solle am kommenden Freitag um 10 Uhr auf dem evangelischen Gottesacker von Leinroden, nicht in Abtsgmünd, stattfinden.

Da es immer noch kühl war, nahm er den schwarzen Gehrock von seinem Vater und zog den gewendeten Mantel darüber.

So gewandet glaubte er einer jeglichen Kritik irgendwelcher unbekannten Verwandtschaft seiner Schwester gewachsen zu sein. Er würde dort auch seine Neffen und Nichten sehen und war gespannt, einiges aus deren Leben zu erfahren.

Er wollte die Post nehmen, erfuhr aber, dass diese erst um 11 Uhr in Leinroden ankommen würde. So musste er sich entschließen, die 15 km zu Fuß zu gehen.

Nach Leinroden waren es noch 3 km weniger als nach Abtsgmünd. Er konnte das Dörfchen nicht verfehlen, da der Landweg direkt über das Dorf führt.

Also machte er sich um 7 Uhr auf den Weg. Er kam schneller voran als gedacht, so dass er sich vor der kleinen Kirche etwas verschnaufen konnte. Auf dem Weg war es ihm warm geworden, so dass er den Mantel über den Arm genommen hatte.

Er fand die Trauergemeinde, die größer war, als von ihm angenommenen. Er fand Katharina, die sehr gefasst die Kondolenz ihrer Familie und Freunde entgegennahm.

Ihre Begegnung war herzlicher, als die vergangenen Jahre hätten vermuten lassen. Die Vorstellung seiner Neffen und Nichten und deren Ehemänner und -frauen und der vielen Kinder gab ihm ein völlig neues Gefühl, einer solch großen Familie anzugehören.

Er wusste nicht, dass sein Schwager evangelisch war. Die Predigt des Pfarrers und die Aussegnung am Grab fanden seine Beachtung. Sie hatten etwas von der Persönlichkeit und inneren Zuwendung, wie er sie vom alten Pastor Meißner in Erinnerung hatte.

Katharina sagte ihm, dass es der Wunsch ihres Mannes gewesen sei, auf einem evangelischen Friedhof bestattet zu werden, hier in Leinroden oder in Flachsfeld und nicht auf einem der kommunalen Friedhöfe in Abtsgmünd oder Neubronn. Obwohl es dort auch evangelische Gemeinden gibt, in Neubronn sogar mit einer eigenen Kirche.

Aber die Friedhöfe hier in Württemberg waren noch sehr katholisch und ein großes Mauergrab für einen Evangelischen schwer zu haben.

Katharina hatte beträchtlich an den Hüften zugenommen und war so mehr nach dem Vater, denn der Mutter geraten.

Jacub musste an das ‚kapriziös' seines Vaters denken und wie wenig davon geblieben war. Sie war milder und freundlicher, als er sie in Erinnerung hatte. Sie bat ihn, nach der Beerdigung doch noch für wenigstens einen Tag in ihr Zuhause zu kommen, um ein wenig mit den Kindern zu reden.

Da es in Leinroden kein Wirtshaus gab, hatte Katharina drei einfache Gespanne bestellt, die die Trauergemeinde zu einer Leich nach Abtsgmünd in das Hotel ‚Hofgarten' kutschierten.

Die Neffen und Nichten waren ja selbst schon um die 50 Jahre alt und deren Kinder erwachsene Frauen und Männer. Jacub konnte sich die Namen alle nicht merken, aber er war beeindruckt von der Solidität der beruflichen Arbeit, der sie alle nachgingen.

Zwei der älteren und einer der jüngeren Männer trugen einen Bart wie er, so wie es in den Zeiten der Regentschaft von König Karl Friedrich Alexander bei den Männern des Mittelstandes eben in Mode war.

Jacub war Hanne im Nachhinein dankbar, dass sie ihm den Bart in eben dieser akkuraten Fasson gestutzt hatte und vor allem, dass er mit seinem Bart nicht aus dem gesellschaftlichen Rahmen fiel.

Die Nacht verbrachte er in einem Gästezimmer mit schrägen Wänden, aber einem großen Fenster zum Kocher. Er schlief gut. Das Erwachen in einem fremden Bett war ungewohnt. Da es im Hause noch still war, machte er einen ausgedehnten Spaziergang durch einen Park am Kocher und kehrte just zurück, als die Familie sich zum Frühstück sammelte.

Die Abreise der Kinder war unterschiedlich geplant. Er selbst wollte die späte Post am Nachmittag nach Gmünd nehmen. So nutzte er die Zeit, ein paar Einkäufe zu machen.

Er war bei seinem Morgenspaziergang an dem kleinen Geschäft einer Hutmacherin vorbeigekommen, in deren Auslage neben diversen Damenhüten auch ein prächtiger breitrandiger Herrenhut lag. Den wollte er anprobieren.

Der Hut passte ihm prächtig. Vor allem auch passte er in der Farbe vorzüglich zu seinem Mantel. Im Spiegel wollte er sich kaum wieder erkennen unter der breiten Krempe und mit seinem gestutzten Bart.

Ein paar Geschäfte weiter kaufte er für Katharina und Hanne je eine große Bonboniere. In einem weiteren Geschäft für Babysachen eine Garnitur für den Nachwuchs von Martin.

Es war ein seltsames und ungewohntes Gefühl so durch die Geschäfte zu gehen und einzukaufen.

Zuletzt hob er in einer Filiale der Noris Bank noch 15 Taler von seinem Konto ab. Der schmale Rest seiner kleinen Pension, die er mit auf den Weg nach Abtsgmünd genommen hatte, war bei seinen Einkäufen drauf gegangen.

Katharina war von der Bonboniere gerührt. Sie packte ihm beim Abschied eine Tasche mit Geschlachtetem, die eine der jungen Nichten ihm zur Haltestelle der Post am Rathausplatz trug.

Viel gelacht hatten sie, als Jacub am Abend zuvor erzählt hatte, dass er seit 40 Jahren eine Postkarte von der ersten Urlaubsreise seiner Schwester hinter der Glasscheibe seines Küchenschrankes aufbewahrte.

Es war ein herzlicher Abschied und eine versöhnliche Begegnung. Beide wollten nicht verstehen, dass dazu eine Beerdigung der Anlass sein musste.

Als Jacub an der Haltestelle der Post an der Kreuzung Mulfinger-Gmünderstraße ausstieg und mit seinen beiden Taschen den Fußweg zu seinem Berg antrat, beschloss er noch einmal bei Hanne und Martin vorbei zu schauen.

Als er beim Lonscher vorbeikam sah er, dass noch Kundschaft zu der schon späten Stunde aus dem Laden kam. Er ging hinein und quittierte mit Genugtuung, wie der Lonscher seinen Anblick mit dem gestutzten Bart und dem neuen Hut zur Kenntnis nahm. Jacub bestellte zwei Kisten roten Trollinger und bat, sie morgen zu ihm hinauf bringen zu lassen.

Bei Hanne war die Haustür nicht verschlossen. Auf das Schellen und Klopfen hörte niemand. So ging er um das Haus herum zum hinteren Garten und sah Hanne, Martin und Johanna in dicken Winterjacken in der späten Sonne am Gartentisch sitzen. Sie starrten ihn an mit seinem neuen Hut wie einen Geist, bis Martin lachend rief: „Unser Bergkönig, wie unser Souverän Carl Friedrich!“

Jacub stellte seine beiden Taschen an den Stuhl, den Martin ihm anbot. Er nahm aus seinem Beutel den großen Kasten Pralinen und reichte ihn Hanne. „Als Mitbringsel“, sagte er. Hanne lachte, „du machst dich!“ Dann schaute sie auf das große farbige Bild, das die Vorderseite des großen Pralinenkastens bedeckte. Sie schaute lange darauf und stand dann auf und lief ins Haus.

Jacub wollte nun das Mitbringsel für Johanna aus dem Beutel nehmen, aber er wollte doch warten, bis Hanne zurückkam.

Als sie zurück kam mit einer Flasche Trollinger und drei Gläsern, sah er Schatten in ihren Augen und schaute sie besorgt an. „Ich habe geweint,“ sagte Hanne leise, „ich habe noch nie in meinem Leben so kostbare Pralinen geschenkt bekommen.“

„Dann wird es ja Zeit“, sagte Jacub verlegen, der mit solch einer Reaktion nicht gerechnet hatte. Er bückte sich nun zu seinem Beutel und nahm die schön verpackte und dekorierte Babygarnitur heraus und reichte sie Johanna.

Jacub glaubte damit ihr Herz gewonnen zu haben. In Wahrheit hätte er damit auch Martins und Hannes gewonnen, wenn dies noch nötig gewesen wäre.

Martin schenkte den Wein ein, aber er sagte nichts. Johanna wickelte die vielen Teile der Garnitur aus und legte sie auf ihrem Bauch, der verriet, dass es nun nur noch Tage dauern mochte, bis die Hebamme vom Ort gerufen werden musste.

„Jacub, du bist unser Patris (Vater, Patriarch)“, sagte Martin, erklärte aber nicht, wie dies gemeint sei. Er versuchte noch einmal nachzuschenken, obwohl die Gläser schon voll waren.

Hanne meinte ein Abendbrot richten zu wollen und Jacub bat sie, sich aus dem Packen zu bedienen, den seine Schwester ihm mitgegeben hatte.

Es war ein fürstliches Abendbrot und Hanne sah bald, dass die eine Flasche Wein dem Abend im Garten nicht gerecht wurde und holte eine zweite.

Jacub hatte ein wenig Mühe, den Heimweg zu finden. Er konnte dankend das Angebot Martins, in ein Stück zu begleiten, ablehnen.

In seinem Blockhaus angekommen legte er sich nicht, wie es vernünftig gewesen wäre, auf sein Bett, sondern setzte sich, jetzt mit dem Mantel des Großvaters, auf die Verandabank.

Er entkorkte noch einen ‚Roten' aus seiner Reserve und träumte in den Abend, der ihm viele neue und in die Zukunft weisende Gedanken brachte.

Besuch beim Ackerbauer

Die Tage blieben immer noch kalt. Des nachts fielen die Temperaturen noch fast bis auf den Gefrierpunkt und auch am Tag stiegen sie kaum über 12 Grad.

Es war nach dem milden Winter eines der kältesten Frühjahre, an die sich Jacub erinnern konnte.

Zu den kalten Temperaturen passte der Sonnenschein nicht, der schon in den frühen Morgenstunden über dem Tal und den ‚Weinbergen' lag, ohne den grünen Schimmer, der sie für gewöhnlich zu dieser Jahreszeit schon überzog.

Die Temperaturen waren Jacub recht. So konnte er das Aufedeln im Anger noch in diesem Jahr angehen, ohne vom Austreiben der Bäume gedrängt zu sein.

Martin half ihm, die alte Treppe vom Berg herunter zur Landstraße nach Mulfingen in Stand zu setzen und eine seiner Obstbaumleitern hinunterzutragen. Er schloss sie an einen der Bäume im Anger mit einer Kette und dem Schloss, das bisher am oberen Gartentor den Berg mehr symbolisch, als tatsächlich, vor fremdem Betreten gehindert hatte.

Er besuchte den Ackerbauern in Mulfingen, den Ruch, wie Martin ihn nannte, dessen Stallmist am Ende des Angers gelagert war. Er gewann ihn, das Gras zwischen den Bäumen in Pflege zu nehmen.

Elf der Bäume, meinte Jacub, vorerst in seinen Verjüngungs- und Veredlungsplan aufnehmen zu können.

Er machte sich, wie schon auf seinem Berg, eine Zeichnung und gab den Bäumen eine Zahl, da er die alten Sorten nicht erkennen konnte. Im Herbst würde er Lorenz bitten, ihm die Sorten zu nennen.

Für die ersten Schritte wollte er Edelreiser nehmen, von denen er wusste, dass sie auf den meisten alten Unterlagen angingen. Er kontrollierte seinen Vorrat an Reisern im Sandbett unter dem Werkraum und sah, dass sie noch frisch waren und nicht anfingen auszutreiben.

Das einzig Bedeutsame und Erinnerungswerte in diesen Tagen war die Niederkunft Johannas. Und wie das so ist, war es in der Nacht am frühen Morgen. Martin musste die Deislermoß (Hebamme) aus dem Bett läuten, während

Hanne die Leinentücher bereit legte und frisches Wasser ans Feuer setzte.

Es war ein Junge und für Johanna eine Tortur, obwohl sie noch jung war. Aber es war ihr erstes Kind.

Als das Wetter umschlug und eine Welle von Wärme das Leintal herauf zog, setzte Jacub die ersten Reiser auf die Bäume im Anger. Er hatte sie schon in den ersten frostfreien Tagen kräftig mit der Säge auf ihrer Verjüngung vorbereitet.

Er besserte auch die Treppe nach, die er mit Martin ertüchtigt hatte, und von der er sich nicht erinnern konnte, dass der Großvater sie je benutzt hätte.

Die Reihe der Quitten, die am äußeren Rand des Angers standen und von denen keiner wusste, wem sie gehörten oder wer sie gepflanzt hatte, erfuhren zunehmend seine besondere Aufmerksamkeit.

Die Befragung der Nachbarn brachte auch dazu keine Erkenntnis. Das war umso merkwürdiger, als diese Bäume nicht älter als fünfzehn Jahre waren und auf städtischem und nicht auf privatem Boden standen.

Ebenso hatten es ihm die Mirabellen angetan, die in Reihe an der südlichen Seite des Angers standen.

Aufgefallen war die Bepflanzung wohl deshalb nicht, weil in diesem Landstreifen Leinzeller und Gögginger Gebiet so abenteuerlich aneinander grenzte, dass jeder meinen konnte, es gehöre der anderen Stadt.

Martin fand heraus, dass wohl ein alter schrulliger Mann, der am Ausgang von Leinzell nach Mulfingen in einem angeerbten Haus wohnte und inzwischen verstorben war, die Sämlinge der Quitten gesetzt und erzogen hatte.

Im Leintal gab es viele Mirabellen. Manche meinten, es müsse da eine Verbindung ins welsche Land gegeben haben, wo alle um Metz herum, von dem Herz des Mirabellenanbaues wussten.

Während die Quitten niemand auflas, die noch vom Vorjahr massenweise verfault unter den Bäumen lagen, kochten die Frauen aus den Mirabellen Mus und Marmelade für den Winter. Auf den Märkten drängten sich die Frauen, diese Ware zu verkaufen.

Dem Lorenz hatte Jacub vom Anger berichtet und ihm erzählt, dass er begonnen habe, Edelbirnen auf Quitten zu setzen. Bisher aber mit wenig Erfolg. Nur die Gellerts Butterbirne war aufgewachsen.

Lorenz war getrieben, dies nun auch mit verschiedenen Reisern auf seinen Quittenbäumen zu versuchen. Aber auch er musste sein Scheitern eingestehen; auch er hatte nur mit der Gellerts Erfolg.

Da kam Jacub eine Idee, als er mit einem ‚Roten' auf der Terrasse saß. Wenn er zuerst die Gellerts nähme und auf die Gellerts eine andere, eng verwandte Birne, dann müsste sich das doch machen lassen.

Und es ließ sich machen! Auf die gepfropfte Gellerts Butterbirne konnte er im nächsten Jahr Williams Christ setzen. Mit anderen Sorten gelang es ihm nicht. Dabei gingen zwei Jahre hin und ihm wurde die Zeit teuer.

So versuchte er die Veredelung auf einen Schritt zu verkürzen. Er setzte in der Vegetationszeit einen Kampriumstreifen der Butterbirne auf die Quitte und zugleich darüber ein Auge der Williams Christ. Und siehe, das Auge wuchs an!

Er experimentierte tagelang und pausenlos. Er fand, dass die besten Resultate dann erzielt werden konnten, wenn er nur ein winziges Stück der Gellerts als Zwischenveredelung unter das Auge von der Williams Christ schob und beides unter dem Bast fest verschnürte.

Das war eine Revolution, wie im Lorenz sagte, als Jacub ihm davon berichtete. Niemand in den Baumschulen, die erkannte - und er kannte sie alle, von Aalen bis Stuttgart - hätten je eine solche Methode erprobt und bekannt gemacht.

Und Jacub experimentierte weiter. Auch mit dem Übertragen von Rinde auf die Berührungsstelle von Reis und Unterlage konnte er die Unverträglichkeit überwinden und ein Absterben verhindern.

Als Zwischenveredelung erwiesen sich neben der Gellerts Butterbirne auch die Nordhäuser Winterforelle und die Pastorenbirne als geeignet.

Aufedeln ließen sich so neben der Williams Christ auch die Gute Luise, die Alexander Lucas, Claps Liebling, die Köstliche aus Charneux, die Josephine von Mechelen und die Gräfin von Paris. Aber das wusste er erst, als er die Edelreiser und Augen von diesen Sorten bekam. Das war damals noch ein langer Weg.

Dazu hatte er sich mit Martin an einem seiner freien Tage nach Hohenheim auf den Weg gemacht.

König Wilhelm hatte dort schon 1818 ein Gut errichten lassen, das 1847 zur Akademie erhoben wurde, wie Lorenz ihm berichtete. Im Schloss Hohenheim hatten sie die erste Universität gegründet und in der ehemaligen Waisenanstalt dort eine Gartenanstalt. Die forschte über Obstsorten und dort wollte Jacub nach neuen Sorten anfragen, und wenn möglich, solche erwerben.

Es war ihre erste Fahrt mit der Eisenbahn, die seit kurzem zwischen dem Oberamt Gmünd und Stuttgart verkehrte, was neben der Hoffnung auf den Erwerb seltener Obstsorten für beide ein großes Erlebnis war.

Sie hatten die Holzklasse genommen, in der es viel Platz für bäuerliche Lasten gab und inmitten des Abteils einen eisernen Kanonenofen, um im Winter zu heizen.

Beide waren noch nie in Stuttgart gewesen. Deshalb nahmen sich dort ein Zimmer in einer

Pension. Sie erkundeten die Stadt nach einem Prospekt, das im Rathaus auslag.

Sie besichtigten das alte Schloss, das einmal aus einer alten Wasserburg aus dem 10. Jahrhundert hervorgegangen sein sollte, und das neue Lusthaus. Und natürlich das neue Schloss, in dem der Souverän König Wilhelm gelebt hatte.

Gerade in dieser Zeit war der Hauptgiebel verschönert und mit einer großen Königskrone oben auf versehen worden.

Den Schlossplatz fanden sie als den schönsten Platz der Stadt mit der großen Jubiläumssäule und ihrer berühmten Skulptur, der Göttin Concordia auf der Spitze.

Zeitig am Morgen, wie sie es gewohnt waren, fuhren sie mit der Dampfbahn vier Stationen zurück bis Hohenheim, wo sie die gesuchte Baumschule auch fanden und ihre Bitte vortrugen.

Doch Jacub stellte schnell fest, dass dies hier nicht die richtige Adresse für ihn war. Diese Schule war eine Lehranstalt für Forschung und Lehre, keine Baumschule. Es war aber eine kleine solche angegliedert, wo sie nun vorsprachen.

Edelreiser waren zu dieser Jahreszeit nicht mehr vorhanden. Jacub erstand aber einen zweijährigen mit der ‚Köstlichen von Charneux' veredelten Baum, der ihm mit einem großen Erdballen verpackt wurde.

Ehe sie ihren Zug zur Weiterfahrt nach Hause bestiegen, drängte Martin, für die Frauen einen besonders großen Kasten Pralinen zu kaufen.

Martin sprudelte Zuhause seine Eindrücke der letzten Tage heraus, kaum dass sie sich nach der Begrüßung niedergelassen und ihre Mitbringsel überreicht hatten.

Es war schließlich nicht nur seine erste Fahrt mit der Eisenbahn, es war auch der erste Urlaubstag in seinem Leben.

Jacub befeuchtete den Erdballen seines erstandenen veredelten Jungbaumes noch einmal mit etwas Wasser und stellte ihn in eine Hocke.

Hanne gestand ihm, dass die Frauen mit einem Geschenk gerechnet hatten. Es erfreute sie sehr, aber es rührte nicht mehr zu Tränen.

Sommerveredelungen

Der Sommer kam. Und kam mit Macht, die das kalte Frühjahr vergessen machte.

Jacub bewegte sich nun auf dem Pfad der Sommerveredelungen, die ihn jetzt völlig ausfüllten. Er setzte die Augen, die er von den eigenen Reisern ‚erntete' oder weiterhin von Lorenz bezog.

Einmal auf die Zwischenveredelungen von Gellerts Butterbirne und einmal auf die von Nordhäuser Winterforelle. Er hütete die Augen, wie er vor fünf Jahren seine ersten Veredelungen auf seinem Berg gehütet hatte.

Er wachte über seinem Werk vom Sonnenaufgang bis zum Untergang, um jedweden Baumfrevel der Fiesele (Buben) oder der Wackes (Herumtreiber), wie Martin sie allesamt nannte, zu unterbinden.

Dabei kam ihm entgegen, dass dieser Weg wenig belaufen war. Er hatte mit den angrenzenden Privateignern abgesprochen, ein Auge auf ‚seine' Quitten zu haben. Er nutzte die Kraft, die ihm verblieben war auch, seine arg geschmolzenen Holzvorräte für den Winter aufzufüllen und war dankbar, dass Martin ihm an und ab das Spalten grobe Klötze abnahm. So war er auch dankbar, dass Hanne des Öfteren bei ihm einkehrte und acht gab, dass er seine Mahlzeiten einnahm.

Sie saßen nun oft zusammen und sprachen über das Heute und das Vergangene. Er sah und dachte, dass sein Leben sich immer mehr darum drehte, sich zweifelhaft Rechenschaft abzulegen, was er mit der Zeit verloren hatte. Sie sprachen auch über das lang Vergangene.

„Hanne", sagte er, als er seinen Trollinger auf dem Tisch hatte, „nach den alten Rechtssamen, die ich verbrieft habe, wird der Berg und das Haus nach meinem Tod an die Stadt zurückfallen, da ich keine leiblichen Erben habe. Das sollten wir nicht zulassen! Martin ist mir so ans Herz gewachsen, dass ich ihm gern das Haus und den Berg übergeben würde. Dafür müsste ich ihn aber adoptieren, damit er mein Kind und Erbe wird. Was hältst du davon?“

In dem lange beredeten Schweigen spürte Jacub ihre tiefe Berührung. Schließlich sagte sie leise, „es ist, wie die Zeit um 40 Jahre zurückzudrehen. Ich bin so froh über deine Entscheidung. Sie entschädigt mich irgendwie für die Not meiner Erinnerung.“

Nach einer längeren Pause sagte sie ebenso leise, „es hätte so schön sein können, dann wäre Martin nicht nur dein angenommener Sohn.“

Und Jacub, der mehr als 40 Jahre nicht davon gesprochen hatte, erzählte Hanne von *ihr* und seiner verletzten Seele und all dem, was zuvor nur seine Mutter wusste.

Hanne nahm Jacubs Hand und schwieg. „Jetzt verstehe ich dich. Jetzt verstehe ich so vieles, was ich nicht verstehen konnte und nicht verstehen wollte. Jetzt weißt du vielleicht auch, wie traurig und verletzt ich war, als du mich damals zurückgewiesen hast. Und schlimm auch, in die Arme Friederichs getrieben, weil ich mit Ende 20 in Sorge war, dass mein Leib unfruchtbar bleiben sollte."

Jacub entzog seine Hand nicht und fühlte auch keine Absicht, es tun zu wollen. Er nahm aber seine Hand und umschloss die ihre.

„Warum hast du es mir nicht gesagt, damals", sagte sie. „Du hättest es mir sagen sollen. Ich hätte dir gezeigt, dass es auch andere Frauen gibt! Aber gut, dass du es mir heute gesagt hast. Ich will es bewahren und mit ins Grab nehmen, wenn einmal meine Stunde gekommen ist."

Und sie nahm nun wieder ihre Hand und umschloss die Jacubs. Und beide spürten nicht, dass ihrer beider Hände alt geworden waren, und derb von der Mühsal des Lebens

Wieder ein Friedhofsbesuch

Nun hatte der Sommer wieder die Weinberge und die Täler der Stadt mit Temperaturen von über 25° überflutet und es war August geworden.

Jacub schnitt wie all die Jahre seine Gladiolen und Lilien, um zum Todestag der geliebten Mutter ihr seinen Respekt an der Gruft zu erweisen.

Da wollte es, dass am gleichen Tag die Mutter der beiden Lonscher Brüder, die das Monopol der Lebensmittelversorgung in der Stadt hatten, in ihrem 98. Lebensjahr verstorben war und beerdigt wurde.

Die Beerdigung war im ‚Tageblatt' für 11 Uhr auf dem kleinen jüdischen Friedhof ausgeschrieben, der nur von einer Mauer und einem Tor getrennt, leicht bergan neben dem Friedhof von St. Georgen gelegen ist.

Dass die Lonscher Brüder und ihre Frauen Juden waren, war Jacub nicht bekannt. Da er so weit abseits wohnte und sich am Reden der Menschen in der Stadt nicht beteiligte, wusste er solche Dinge nicht.

Er hatte noch nie einer Kewura beigewohnt. Er wusste aber, dass Blumen auf jüdischen Begräbnisplätzen nicht üblich und gestattet waren.

So nahm er seinen Weg zum Friedhof rechtzeitig zum ersten Mal seit Jahren wieder über die Mulfingerstraße, am Haus von Hanne und Martin vorbei, das ihm jetzt schon zum zweiten Domizil geworden war.

Mit seinen Blumen ging er zuerst zur Familiengruft, spülte und füllte die Vase mit Wasser und stellte seinen Strauß hinein. Über die Friedhofsmauer konnte er sehen, wie die jüdische Chewra Kadischa am Grab der Lonschers die letzten Herrichtungen machten.

Als die Trauergemeinde mit dem Sarg aus der Stadt heraufzog - ein Trauerhaus hatte die kleine jüdische Gemeinde nicht – ging Jacub hinüber.

Er hatte zu einem weitärmeligen Hemd seine Weste aus dunklem Leder übergezogen und seinen Hut aufgesetzt, da er wusste, dass ein jüdischer Friedhof nur mit bedecktem Haupt betreten werden sollte.

Die Männer der Chewra Kadischa hatten den offenen Sarg neben das Grab gestellt. Alle sahen, dass die Tote über ihrem Taschridin mit einem Tallitht bedeckt war, der die ganze Breite und Länge des Sarges einnahm. Was für gewöhnlich nur Männern vorbehalten war und wohl die besondere Ehre der Söhne für ihre verstorbene Mutter ausdrücken sollte.

Die vier langen Zizijot mit ihrer langen Reihe von Knoten waren sorgsam um die Kanten des Holzsarges gewunden, was dem Sarg etwas Kunstvolles gab.

Jacub sah, dass die Augen der Toten mit Tonscherben bedeckt waren, eine Totensitte, die ihm fremd war und ihn befremdete.

Der Rabbiner war vom Oberamt Gmünd angereist, denn die kleinen jüdischen Gemeinden in Leinzell und Göggingen hatten keinen eigenen Rabbiner. Dieser begann die Hesped mit einem Gebet in Hebräisch und wechselte dann in jenisch und jiddisch.

Als der Sarg geschlossen, nach deutschem Gesetz in das Grab herabgelassen und von der Trauergemeinde mit Erde bedeckt war, wechselte er ins Hebräische und sprach sein Kaddisch über dem Grab.

Jacub nickte den Lonscher Brüdern zu und entfernte sich still.

Es war die erste Beerdigung, der er nach dem Tod des alten Pastors Meißner hier in seiner Stadt beiwohnte und die ihn im Angesicht seines eigenen Alters seltsam berührte.

Auf dem Heimweg war es seine Absicht, zum Mittagessen bei Hanne rein zu schauen.

Die Erinnerungen an das eben Geschaute und Erlebte hatten ihn so bewegt, dass er jedwede Gesellschaft im Moment nicht mochte. So setzte er seinen Weg fort. Nur den Hut nahm er ab, da ihm die Mittagssonne zu schaffen machte.

Am Tod der alten Dame hatten nur wenige Bürger von Leinzell Anteil genommen, aber an den Folgen für ihre täglichen Gewohnheiten umso mehr.

Als streng gläubige Juden hielten die beiden Brüder, die nicht nur den Handel mit Lebensmitteln und Gemüse, sondern auch den Handel mit Waren des täglichen Bedarfs in Leinzell mit ihren Filialen beherrschten, in der Shiva, den Tagen des Berufsausübungsverbotes, ihre Läden sieben Tage lang geschlossen.

Zu einer Störung der Bedarfsbefriedung in der Stadt führte es nicht. Es gab wohl Engpässe aber keine Not. Doch das Ausweichen nach

Göggingen verursachte vielfachen Verdruss, in dem sich sogar der Redakteur des Tageblattes mit der Forderung nach einem gesetzlichen Offenhaltungsgebot zu Wort meldete.

Aber das war abwegig, denn dem Schließungsgebot am Sabbat und am Shiva stand das christliche Schließungsgebot am Sonntag gegenüber. Das fortschrittliche Jahrhundert, in dem wir lebten, erlaubte die Jahrhunderte lange Willkür des Mittelalters gegenüber der Geschäftsausübung der jüdischen Minderheit nicht mehr.

Aber interessant für Jacub, solches in seinem Tageblatt zu lesen, war es allemal.

Und für die Kundschaft? Als die Lonschers nach neun Tagen, den Sabbat und den Sonntag eingerechnet, wieder ihre Läden öffneten und für ihre Stammkundschaft für drei Tage die Preise um 10 % senkten, hatten sie die Leute wieder ganz auf ihrer Seite und im Nachhinein deren vollstes Verständnis. So ist es eben, das gewöhnliche Leben, zumal in einer kleinen Stadt.

Der Krämer in seinem Laden, der ihn auf dem Friedhof zur Beerdigung seiner Mutter gesehen hatte, behandelte ihn hinfort mit einem gehobenen Respekt, dem Jacub mit gleicher Achtung begegnete.

Er resümierte, dass selbst in einem solch kleinen Gemeinwesen, die Menschen in ihrem seelischen Habitus so fern von einander stehen, dass es besonderer Ereignisse bedurfte, im Inneren verwandte Gemeinsamkeiten des Handelns und Fühlens aufzudecken. Es gibt keinen Theseus, den man ins Labyrinth der Seele anderer Menschen schicken kann, und keinen Faden, der uns hinaus führt.

Da er jetzt regelmäßig seinen Weinvorrat dort aufstocken ließ, war er auch ein guter Kunde, was dem Achtungserweisen des Kaufmanns entgegenkam.

Noch mehr wohl, da auch Hanne ihre Besorgungen beim Lonscher machte, die nun nicht mehr nur ihren eigenen bescheidenen Bedarf allein aus dem eigenen Garten ergänzte, sondern für ihre größer gewordene Familie einkaufte.

Und diese mehrte sich, was sicher wohl Johanna zuerst spürte, Hanne und Martin wohl auch, und Jacub natürlich zuletzt. Ein weiteres Familienmitglied kündigte sich an.

Jacub wünschte sich insgeheim, dass es eine Enkelin sein möge.

Er betrachtete mit großer Freude Johannas Bauch, wenn sie denn nicht mit flatternden Gewanden im Garten saß. Er hatte das seltsame Gefühl, es sei sein eigen, was das Leben ihm ja versagt hatte.

Gewitterliebe

Jacub saß auf seiner Bank, als das Gewitter herauf zog. Es kam über das Leintal und zerrte an den Kanten der ‚Weinberge' und schoss Wasserfontänen über die Felder.

Ein verirrter Sandschleier wurde von dem aufkommenden Sturm über die Stadt getrieben und verlor sich in wildem Protest im Süden über den Iderbergen. Nicht anhaltend und stetig, sondern böig und kantig.

Jacub liebte Gewitter. Vielleicht war es der Gegensatz zu seinem eher ruhigen Charakter, wenn es in der Natur um ihn her blitzte und krachte.

Es war eines der wenigen Charaktermerkmale, die ihn von seiner Mutter unterschied. Vor allem aber von Katharina! Wenn ein schweres Unwetter aufzog floh die Mutter mit Katharina in den Keller und beschwor ihn, keinen Schlüssel oder eine Schere anzufassen.

Er hatte das nie verstanden. Er saß dann immer unter der Veranda und lauschte in das Tosen. Er erkannte nichts Feindliches oder Gefährliches in solchem Wetter, sondern nur die Natur, die er liebte, wie sie denn war.

Das hatte sich in all den Jahren nicht geändert.

Er rückte die Bank etwas zur Seite, da ab und an der Wind einen Regennebel auf seinen Sitzplatz sprühte. Es war die Zeit, sich einen ‚Roten' aus seinem Lager zu holen. Er hatte Bohnen mit Speck zu Abend gegessen und wusste, dass ein Schoppen vom Trollinger seiner Verdauung förderlich sein würde.

Gestern hatte ihn Lorenz besucht, der nicht mehr die Last der täglichen Arbeit in der Baumschule trug, sondern in die Rolle des ‚guten Hirten' des Gartenbaubetriebes hatte schlüpfen dürfen. Zeit, die er nutzte, sich wie Jacub der Übung neuer Wege zu widmen.

Er hatte Jacub einen Zweig mit kräftigen Augen vom ‚Alexander Lucas' mitgebracht. Sie waren zu den Quitten hinter dem Anger herunter gestiegen, wo Jacub ihm an zwei Ästen, die Lorenz sich aussuchte, seine Methode der Doppelveredelung demonstrierte.

Zur Befestigung verwendete er jetzt einen Bast mit kreisrunden Aussparungen, die er über die okulierten Augen legen konnte. Lorenz besah sich alle Veredelungen, die Jacub schon vorgenommen hatte und lobte seine saubere Arbeit.

60 % der Augen waren aufgegangen. Lorenz meinte, dass weitere okulierte Augen noch aufgehen könnten, wenn der hydraulische Saftstrom befördert würde. Er empfahl, einige konkurrierende Äste weg zu nehmen. Jacub überließ ihm gern deren Auswahl. Lorenz war eben ein alter Baumschuler mit jahrzehntelanger Erfahrung.

Nach der Arbeit waren sie noch lange zusammengesessen und hatten über ihr gemeinsames Interesse bei der Obstbaumveredelung gesprochen. Die Methode der Zwischenveredelung war nun beiden Männern zur Passion geworden.

„Für die gewerbliche Wirtschaft in den Baumschulen wird es die hergebrachten Methoden nicht verdrängen", meinte Lorenz. Da muss Geld verdient und der große Bedarf an Obstbäumen abgedeckt werden.

Also vermehren wir kräftige und widerstandsfähige Unterlagen, auch Wildlinge, und kopulieren im zweiten Jahr die Edelreiser. Meist durch Kopulation mit Gegenzunge, der besseren Haltbarkeit der Veredelungsstellen wegen", setzte er hinzu. „Auch die Geißfußveredelung ist bei uns Alltagsgeschäft, besonders bei Kirschen. Unsere Obstsorten lassen sich nun eben nur durch Klonen erhalten, nicht über die Samen. Unsere Obstbäume sind alle Chimären, Klone von einer Baumgeneration zur anderen."

„Wenn es euch nicht gäbe, hätten wir in 100 Jahren keine Obstsorten mehr", sagte Jacub. „Ein großer Baum lebt 100 Jahre, ein Spindel Baum 25. Dann würden wir wieder anfangen, wo die Menschen vor 3000 Jahren angefangen haben".

„Ja", nickte Lorenz, „ich denke an die Goldparmäne, die haben wir tatsächlich schon 300 Jahre durch Klonen am Leben gehalten oder die Graue Renette aus Frankreich, ungefähr seit 1500. Natürliche, spontane Mutationen, die zu einer neuen wohlschmeckenden Sorte führen, sind extrem selten. Mir sind nur zwei bekannt, der Cox Orange von 1825 aus England und jetzt der Golden Deliciosus aus Amerika."

Jacub stellte Brot und Wurst auf den Tisch, um den Wein etwas zu ‚verdünnen'. „Ich genieße jetzt als geachteter Senior den Vorzug, Narrenfreiheit zu haben. Ich muss nicht mehr im Tagesgeschäft tätig sein", führte Lorenz seine Gedanken weiter. „Ich kann mich jetzt mit deiner neuen Methode beschäftigen, dafür habe ich grünes Licht.

Der neue Chef im Betrieb hat schon 50 Birnenquitten bestellt, die stehen mir ab Herbst zur Verfügung. Vielleicht wird es ja tatsächlich eine neue Sparte, die uns von der Konkurrenz um Aalen abhebt.

Überall in Deutschland werden die Birnen nur als Hochstamm für große Gärten angeboten. Auf Quitten veredelt oder verwandten Wildlingen, könnten wir kleine Bäume anbieten und wären damit einmalig und hätten ein Monopol."

Lorenz stand auf. „Du weißt, ich sehe im Dunkel schlecht und dein Weg bergab zur Stadt, ist ein Abenteuer. Ich werde mich zur Nacht bei meiner Schwester einquartieren.

Die große Zustimmung

Jacub hatte über die Schwester von Lorenz beim Bäcker und in den Geschäften der Lonscher Brüder seine Absicht, eine neue feine Obstquelle für die Ärmsten der Stadt oder an den neuen Sorten Obst Interessierten, am Anger zu erschließen, publik gemacht, um dem Vandalismus nach Möglichkeit entgegen zu wirken. Er fand auch große Zustimmung und interessierte Erwartung bei den Bürgern.

Nur die Jenische Wachdritsch, die nur Glunte (alte Schlampe), Derchermos (Bettelweib) oder gar Finkelmoß (Hexe) genannt wurde, die ihr Grünes für die Karnickel vom Anger holte, moserte schrill und nagelspitz ihren Unmut.

Aber mehr, als die ordentliche Bürgerschaft zu sensibilisieren und am positiven Ergebnis zu interessieren, und natürlich sein Werk selbst zu bewachen, konnte er nicht tun.

Er hatte deshalb auch nur vom Anger gesprochen und die Quitten und Mirabellen unerwähnt gelassen.

Dabei kam ihm zugute, dass die Bürger unten am Anger diese Baumreihe den privaten

Grundstücken dahinter zurechneten, obwohl sie noch auf kommunalem Boden standen.

Er hatte seiner Schwester Katharina einen Brief geschrieben und sie für den Fall, dass sie sich nun einsam fühlen sollte, aber auch ohne dies, nach Leinzell eingeladen.

Er habe die Kammer der Großeltern hergerichtet, schrieb er ihr, und auch ein wenig von seinem Tun.

Er war überrascht, dass sie ihm postwendend eine Antwort zu kommen ließ. Sie fügte eine Postkarte ihrer Enkel aus Österreich bei, die sich dort in einem Jugendcamp aufhielten. Wenn es ihm recht sei, würde sie gern in der letzten Augustwoche nach Leinzell kommen, schrieb sie. Sie bat ihn nach zwei Frauen Ausschau zu halten, die vor 60 Jahren mit ihr das Lyceum besucht hatten.

Sie hatte in ihrem Brief aber nur die Mädchennamen genannt. Jacub betraute Hanne mit diesen Nachforschungen, die schließlich im Büro von St. Georgen auch Erfolg hatten.

Und genau in der letzten Augustwoche stand sie unten am Gartentor und läutete. Jacub stieg herunter und half ihr den Koffer nach oben zu tragen.

Katharina hatte ihn herzlich begrüßt und umarmt. Jacub meinte, dass dies das erste Mal seit 40 Jahren war.

Sie hatte die Post genommen und beschwerte sich wiederholt über den fürchterlichen Weg über die Dörfer. Besonders über die letzten zehn km von Heuchlingen nach Leinzell , den sie mit einem Feldweg verglich. Jacub musste ihr Recht geben. Es war eben ein Weg, den nur die Fuhrwerke der Bauern nahmen.

Wenn sie nur wüsste in welcher Beschaffenheit dieser Weg nach einem Regenguss war, oder dem Schmelzwasser im Frühjahr!

Jacub zeigte Katharina zuerst die Hütte, die seit fast 40 Jahren sein Zuhause war und trug ihr den Koffer über die Stiege in die Kammer der Großeltern.

„Die Stiege habe ich anders in Erinnerung“, sagte sie und erinnerte, dass sie damals schon knarckste und quietschte.

Jacub war das in diesen Kindheitstagen nicht aufgefallen, oder er hatte es einfach nicht wahrgenommen, da es schon immer zum Heim des Großvaters gehörte.

Erst, als er sein Nachtlager in der Stube aufgeschlagen hatte und seltener nach oben stieg, war es ihm störend aufgefallen.

Martin hatte ein Meisterstück vollbracht: Die Trittgeräusche waren jetzt ausschließlich das Tapsen der eigenen Füße. Die Treppe widerstand jungfräulich jeglicher eigenen Äußerung.

Katharina unterzog den Berg einer ausgedehnten Besichtigung. Sie konnte sich nur vage an die Kindheit erinnern. Nördlich war der Streifen Ackerland und hinter den Bäumen nur der ahnbare Fahrweg nach Mulfingen und Horn, und im Norden aufragend die wenigen ‚Weinberge'. Östlich lag die Straße nach Göggingen, und im Süden die abfallende Wiese zur Lein mit ihren weidenden Schafen. Ganz oben war das alte Wasser-Stauwerk und das Tor, das zu der alten Holzbrücke über die Lein führte.

Sie versuchte. das Gesehene mit ihrer Erinnerung zu verbinden, was ihr nur zum Teil gelang, was ihre Fragen bewiesen. Und es war mehr das Wiedererkennen von Vergessenem, nicht von geliebter Erinnerung.

Am Abend kam Martin mit einem kleinen Pakerl Kuchen und einem warmen Essen für den nächsten Tag.

Katharina und Martin hatten sich noch nie gesehen. Jacub war froh, beide im Gespräch zusammenführen zu können.

Katharina wollte am nächsten Tag ihre alten Schulfreundinnen aufsuchen. Jacub gab ihr den Zettel von Hanne mit den jetzigen Familiennamen und den Adressen.

Für den übernächsten Abend wollte er Hanne und Johanna einladen. Er verabredete mit Katharina, zur späten Kaffeezeit zu Hause zu sein und gab Martin die Einladung mit auf den Weg.

Der kommende Tag begann mit einem Regenschauer, der aber nicht lange anhielt. Einen Regenschirm hatte Katharina nicht mitgebracht. Sie fühlte sich unter dem Parapluie vom Großvater geborgen und machte sich auf den Weg in die Stadt.

Als sie zur Mittagszeit nicht zurückkam, wähnte Jacub sie bei einer der Schulkameradinnen. Als sie zum Abendmahl nicht zurück war, bei der anderen.

Kurz darauf, für Jakob war die Zeit des Abendessens immer so um 19 Uhr, denn ein Pedant war er nie gewesen, kam sie den Berg herauf.

„Hast du noch einen Wein von gestern Abend in der Flasche?", war ihre Begrüßung. Er hatte. Und als er sie nach den Erlebnissen des Tages befragte, lachte sie.

„Du willst doch nicht wirklich wissen, was drei alte Weiber so erzählen, wenn der Tag lang wird."

Aber dann erzählte sie doch. Zuerst sei sie auf dem Friedhof an der Gruft der Eltern gewesen. „Deine alten Blumen von Mutters Todestag habe ich entsorgt und durch neue ersetzt. Die habe ich aus deinen Rabatten stibitzt, als du in deinem Anger warst.

Ich habe auch den Nachfolger von Pfarrer Meißner getroffen. Er ist nicht aus Leinzell, sein Dialekt klingt eher wie der unsere um Aalen. Aber er macht einen sympathischen Eindruck."

Katharina schob ihm noch einmal ihr leeres Weinglas entgegen. „Nur Tee und Kaffee den ganzen Tag, das geht auf den Magen", lachte sie und stieß mit ihrem Bruder an, der sich auch ein Glas aus der Küche geholt hatte.

Aber nun erzählte sie doch von ihren Besuchen. „Zwei ausufernde Familienbiografien an einem Tag, und meine zweimal notgedrungen dazu, das war zu viel! Beide Frauen sind verwitwet, und wie sich das gehört, sie kränkeln. Das heißt, sie jammern alle über diverse Leiden.

Interessant, natürlich zufällig, dass beide über eine kranke Hüfte klagen und nur mit dem Stock laufen können."

Später, Katharina hatte sich den Rest Bohnen mit Speck warm gemacht, den Jacub zum Mittagessen vorbereitet hatte, sagte sie: „Morgen will ich einen Besuch in unserem Elternhaus in der Kirchgasse machen. Ich habe die Behrends, die jetzt dort wohnen, gefragt, ob ich mein Elternhaus einmal besuchen darf. Sie waren sehr freundlich und haben mich zum Kaffee eingeladen. Den Kaffee wollte ich nicht ausschlagen, aber ich lasse mich nicht aus.

Zu unserer Verabredung zur späten Kaffeezeit bin ich auf jeden Fall zurück", versicherte sie. „Du siehst ich habe ein volles Programm."

„Ich muss dir gestehen, dass ich seit dem Verkauf unseres Elternhauses noch nie wieder dort gewesen bin“, sagte Jacub. „Ich habe schon als Kind mehr am Haus der Großeltern gehangen, vor allem seit Mutters Tod. Ich glaube, ich habe die Behrends seit meinem Ausscheiden aus dem Amt vor 10 Jahren nicht mehr gesehen. Ich komme wenig in die Stadt“, fügte er noch hinzu. „Mein Radius reicht nur bis zum Bäcker und zum Krämer und einmal im Monat bis zum Alten Rathaus, um meine kleine Pension abzuholen. Und zweimal im Jahr bis zum Friedhof an Sankt Georgen.“

Jacub ging in die Kammer hinter der Stube, die jetzt sein Weinlager war und holte noch einen ‚Roten‘, ehe Katharina ihn dazu aufforderte.

Jenisch sprechen

Anmerkung des Autors

Als im 15. bis 18. Jhd. das Jenische, als eines der Idiome des Rotwelsch noch verbreitet gesprochen wurde, sind viele Begriffe in die deutsche Umgangssprache übernommen worden. Auch heute sind sie dort noch zu finden. In wenigen Städten, so in Leinzell, wird es jetzt an der Schule als sprachliches Kulturgut für Interessierte gelehrt.

Die Bedeutung der wenigen von mir verwendeten Worte und Begriffe aus dem Jenischen habe ich in Klammern beigefügt.

Jenisch sprechen

„Was mir aufgefallen ist, war, dass sie noch jenisch sprechen, oder schon wieder - beide", erzählte Katharina in der späten Kaffeerunde am Abend, als sie wieder von ihren Besuchen bei den alten Schulkameradinnen berichtete.

„Im Lyceum hätten wir das nicht gedurft, da durften wir nur schwäbeln. Und im Elternhaus auch nicht, oder Jacub? Kannst du dich erinnern, dass wir jemals das Jenische zu Hause gebraucht hätten?"

„Nein, ich kannte es auch nur von den Buben auf der Straße und auf dem Schulhof. Die schriftlichen Sachen mussten alle in Hochdeutsch erledigt werden“, antwortete Jacub. „Aber in meiner Zeit im Rathaus war ich oft mit Leuten konfrontiert, die gar nichts anderes kannten. Meistens solche, die auch ihre Anträge nicht schreiben konnten, sondern mündlich vortragen wollten.“

„Man hat dich ja deshalb auch Balcholem genannt, den Rathausmann der kein Jenisch spricht“, beteiligte sich nun Hanne an dem Thema. „Im Haus der Behrends wird auch nur geschwäbelt, wie bei uns in Abtsgmünd. Da kennt man das Jenische gar nicht“, fuhr Katrin fort. „Wie ist das überhaupt zu uns gekommen, weißt du das noch Jacub?“

„Das hat uns der Lehrer zweimal in der Schule erzählt und einmal dazu Pfarrer Meißner im Firmunterricht. Von der Schulzeit habe ich noch die Hefte, da mussten wir damals alles einschreiben. Ich werde es heraussuchen. „Vergiss es nicht, ich würde es schon gern wissen, wo ich nun schon einmal da bin.“

„Unser Schwäbisch zuhause ist gespickt mit Jenischem“, lachte Hanne. „Das lag an den beiden Fiesel (Jungen, Buben), die es jeden Tag mit nach Hause brachten.“

„Unser Altgeselle spricht viel Jenisch, da bin ich froh, wenn ich ihn verstehe und mithalten kann“, meldete nun Martin seinen häufigen Rückgriff auf den verbreiteten jenischen Wortschatz an. „Ich mache das aber nicht bewusst, wo ich es verwende kenne ich keine anderen Worte und weiß gar nicht, ob sie Schwäbisch, Jenisch oder vielleicht auch Jiddisch sind. Ich glaube den meisten aus meiner Schulklasse geht das auch so.“

Jacub musste Katharina einen Tag allein lassen. Sie würde die Zeit bei Hanne verbringen, oder mehr bei Johanna, die bei ihrem gemeinsamen Kaffeetrinken, aus dem ja ein verlängerter Abend geworden war, nicht dabei sein konnte. Johanna war es in ihrer ‚guten Hoffnung‘ nicht möglich gewesen, den Berg hoch zu steigen, vor allem aber ihr Butzele allein zu lassen.

Die Schwester von Lorenz hatte Jacub gebeten, bei ihrem Bruder einen Besuch zu machen, da er ernstlich krank sei und Jacub noch einmal sehen mochte.

Jacub machte sich also auf nach Iggingen in das Haus von Lorenz, wo er jetzt auch das erste Mal Maria, die Frau seines Freundes, sah. Lorenz war ernsthaft krank.

Er hatte das Bett seit Wochen nicht verlassen und einen schweren Druck auf der Brust, so dass er aufrecht im Bett saß.

Er hatte eine schwere Schatulle neben seinem Bett. Er bat Jacub, sie an sich zu nehmen. Sie enthielt einen von ihm seit einem halben Menschengedenken gehüteten Schatz, den er Jacub als Erinnerung übereignen wollte.

Es war ein Buch des in Basel geborenen Johann Bauhinus über den Obstbau in Württemberg, Baden und Elsass von 1584. Es war wohl sein einziges wirkliches Vermögen und das sollte Jacub bekommen.

Jacub war tief gerührt. Er wusste nicht so recht damit umzugehen. Lorenz sprach mit ihm nur über Jacubs Entdeckung der doppelten Veredelung, mit der sich weiter entfernte Verwandtschaft der Gattung Prunus überwinden ließ. Jacub hielt dagegen, was er noch alles von Lorenz lernen wollte. Besonders seine Kenntnisse der Verjüngung und des Baumschnitts waren immer noch mangelhaft.

Das Auslichten ungepflegter alter Bäume und das Schaffen freier Kronen machte er mehr gefühlsmäßig, als nach den Regeln, die Lorenz ihm immer wieder lehrte.

Vor allem der Erziehungsschnitt, der Instandhaltungsschnitt und die Nachbehandlung ausgelichteter und verjüngter Bäume machten ihm Probleme Es zeigte ihm, dass er das Handwerk eines Baumschulers nicht gelernt hatte.

Jacub sollte Lorenz nicht wieder sehen. Eine Woche nach seinem Besuch verstarb sein Freund, einer der wenigen, die er in seinem Leben hatte.

Die Schwester brachte ihm die Nachricht an dem Tag, an dem Katharina die Heimreise nach Abtsgmünd antrat.

Katharina hatte ihre Zeit fast ausschließlich bei Johanna und Hanne verbracht, mit denen sie sich jetzt verwandt fühlte. Dort hatten sie auch ihren Abschiedsabend verbracht, zu dem sie beim Lonscher vier Flaschen Lemberger gekauft hatte und mit Hanne einen hervorragenden ungarischen Gulasch zubereitete.

Sie hatte auch Jacub wiederholt ermahnt, in seinen Schulheften nach dem Jenischen zu suchen. Er war auch fündig geworden und brachte das alte Schulheft mit.

Danach waren die Jenischen ab 1776 ins Land gekommen. Damals gehörte Leinzell schon seit

100 Jahren zur Herrschaft Lang, die Einwohner als Arbeitskräfte ins Land holen wollte.

Land für Ackerbau gaben sie den Zugezogenen nicht. Diese mussten weiterhin ihren Unterhalt mit Korbflechten, Bürsten- und Besenbinden, Hausieren, Kesselflicken und Messerschleifen fristen. Aber sie hatten eine Heimstatt für ihre Lehmhütten und wurden dadurch sesshaft.

Meistens übten sie mehrere Berufe aus. Im Winter Korbflechten und Bürstenbinden, im Sommer verkauften sie ihre Waren in den Dörfern und übten sich dort auch als Messerschleifer und Kesselflicker, wenn sie nicht auf den Gutsfeldern gebraucht wurden.

„Wo sind die Jenischen geblieben, es gibt doch kaum noch welche bei uns?“, fragte Katharina.

„Von diesen Arbeiten kann man heute nicht mehr leben, mit Familie“, sagte Jacub. „Sie sind in die Industriestädte abgewandert und jetzt in unseren Tagen die kräftigsten von ihnen und wagemutigsten nach Amerika ausgewandert. Ich glaube, wir haben da ein bisschen nachgeholfen.

Unser Problem heute sind die Familien, die geblieben sind. Sie haben sich über die verlassenen und halbverfallenen Lehmhütten ausgebreitet, draußen nach Täferrot zu, und fallen der Stadt zur Last."

„Aber vieles von ihrem Wortschatz ist geblieben", meinte Martin. „Oft weiß ich nicht, ob das Wort schwäbisch oder jenisch ist."

„In Lützenhardt, einem Kaff zwischen Freudenstadt und Horb, soll das ähnlich sein", sagte Jacub. „Dort sind wie bei uns vor 100 Jahren Jenische angesiedelt worden. Die Leute dort meinen, ihr Jenisch sei Deutsch. Ein Mann, der mich einmal im Rathaus aufgesucht hat, erzählte mir das", fügte er erklärend hinzu.

„Waren das alles damals Zigeuner?", fragte Hanne. „Nein, nein, Roma wollten die Güter, und das waren Leinzell und Lützenhardt damals, auf ihrem Land nicht aufnehmen. Es waren Deutsche, die nach dem dreißigjährigen Krieg ihre Heimat verloren hatten, eben nicht Sesshafte. Ihr unstetes Leben und ihre Berufe haben sie zusammen geschweißt. So haben sie ihr eigenes Rotwelsch entwickelt. Da ist auch ein bisschen Jiddisch und Romani drin, aber mit denen haben sie nichts zu tun", antwortete Jacub.

„Lasst die Jenischen, kümmert euch um die Leinzeller, um die neuen“, lachte Katharina und streichelte Johannas Bauch. „Der Kopf steht richtig, jetzt wird es nicht mehr lange dauern.“

Jacub hatte Katharina zur Poststation gebracht. Es musste ihr in Leinzell gefallen haben, denn sie fragte ihn, ob sie wieder einmal eine Woche kommen könne.

Zwei Tage nach ihrer Abreise machten sich Jacub mit der Schwester von Lorenz auf den Weg nach Iggingen zu seiner Beerdigung. Sie fuhren nicht mit der Post; der Tag war so warm, dass sie über den trockenen Feldweg nach Iggingen zu Fuß liefen.

Für Jacub war es ein bewegender Augenblick, als sein alter Freund und Lehrherr in das Grab gesenkt wurde. Eine solche Grablegung hatte noch die alte in Religion und Tradition verhaftete Bedeutung.

Trauer äußerte sich in dieser Zeit nicht allein im Leidempfinden, sondern im Dienst am Seelenheil und einer fortwährenden Gegenwart.

Instandhaltungsschnitt

Es folgten Jahre, in denen für Jacub, noch bei seiner vollen Gesundheit, sich alles zu erfüllen schien, was ein Leben und ein Herz ausfüllt, das bereit ist, mit Bescheidenheit und Demut auf dieses eine Leben zu schauen.

Am Anger konnten sie sich auf den notwendigen Instandhaltungsschnitt der Bäume beschränken.

Über Jahre hatte Jacub seine Edelreiser von Lorenz bezogen.

Nach dem Jacub dem Lorenz seine Methode der Zwischenveredelung gezeigt und mit ihm geübt hatte, bekam er die Augen und Reiser kostenlos.

Lorenz konnte, auch nachdem er die Leitung der Baumschule abgegeben hatte, dort einen neuen profitablen Geschäftszweig etablieren, der die Baumschule in Iggingen weit über ihre alten Versorgungsgrenzen hinaus bekannt machte.

Sie zogen Birnenbäume als Halbstamm und Busch über die Veredelung von Wildlingen und Quitten.

Nun mussten Jacub und Martin ihre Reiser von den eigenen veredelten Bäumen schneiden; aus dem Anger und ihrer beiden Gärten.

Martin hatte sich eine große Fingerfertigkeit und großes Geschick erworben. Jacub meinte gar, dass die Erfolgsraten von Martin noch über seinen eigenen lägen.

Sie hatten alles ausprobiert und geübt, was an Veredelungstechniken ihnen der Lorenz gezeigt hatte.

Das Spaltpfropfen, das Rinden-und Dickrindenpfropfen, dass Okulieren, das Anplatten, das seitliche Einspitzen, dass Kopulieren mit und ohne Gegenzunge, die Geißfußveredelung bei der Kirsche und das Lamellenpfropfen bei der Walnuss.

Natürlich waren da auch Rosen dabei, auch Gurken auf Kürbis - aber das blieb Spaßfeld und Neugier. Und auch das mehr bei Martin denn bei Jacub. Der hatte sich jetzt ganz den Mirabellen zugewandt.

Einmal war Jacub mit Martin nach Reutlingen gefahren. Er wollte ihm die große Anlage der privaten Lehranstalt für Gartenbau, Obstbau und Pomologie zeigen, von der Jacub über Lorenz alle seine Reiser der neuen Sorten bezogen hatte. Vielleicht auch, um eine neue Sorte zu ergattern.

Aber alles, was zum Verkauf angeboten wurde, hatten sie schon auf ihren Bäumen. Interessant für beide aber war das Spindelobst, das jetzt dort gezogen wurde.

Eduard Lukas hatte die Anstalt dort noch einmal um vier Hektar erweitert. Das war jetzt schon ein industrieller Obstbau!

Dass Jacub und Martin gemeinsam die imposante Lukas'sche Gartenanstalt besuchen konnten, war dem gütigen Schicksal geschuldet, das über der Familie lag.

Martin hatte seine Meisterprüfung in Gmünd abgelegt und die Werkstatt vom Schreiner Kerschau übernommen. Der Altgeselle war bei ihm geblieben. Zudem hatte Martin zwei Lehrbuben im ersten und zweiten Lehrjahr. Martin durfte also einmal abwesend sein.

Auf Jacub war, ohne dass er es gewollt hätte, eine ehrenvolle Aufgabe zugekommen.

Dem Stadtarzt Dr. Schirndl war es gelungen, den ersten Sanitätsverein in einer Kleinstadt zu gründen. Ihm wurde eine enge Beziehung aus seiner Studentenzeit zum Kronprinzen Wilhelm nachgesagt und Sanitätsvereine waren so in Württemberg in Mode gekommen.

Im November 1863 wurde noch unter König Wilhelm, dem ersten Wilhelm, der Württembergische Sanitätsverein gegründet. als erster deutscher Rotkreuzverein nach dem Vorbild des Internationalen Komitees vom Roten Kreuz in Genf.

Die Gründung kam nach einem Besuch Henry Dunant's, der die Schrecken des Krieges nach der Schlacht bei Solferino in Oberitalien erlebt hatte, bei König Wilhelm zustande.

Hier war auch schon seit 1859 der erste Frauenverein von der badischen Großherzogin Luise gegründet worden.

Zu diesem Sanitätsverein hatte der Stadtarzt Dr. Schirndl einen engen Kontakt. Ihm gelang es mit Unterstützung Karls, der inzwischen unser König geworden war, und dem Landrat Dr. Kleinsmann den Sanitätsverein in Leinzell (nicht in Göggingen!) zu gründen.

Die Leitung hatte der Bürgermeister von Göggingen-Leinzell Fritz Romgelt; die beiden Stadtärzte, der Eigentümer des neuen Raiffeisenmarktes zwischen den beiden Städten. Der praktizierende Lungenarzt Dr. Bruno von Hardtleben und der Apotheker Pharmazierat Bolder waren im Vorstand. In diesen Vorstand nun war Jacub Stolpen zur Mitarbeit eingeladen.

Jacub wollte das ablehnen. Aber Hanne und Martin drängten ihn, diese ehrenvolle Mitarbeit anzunehmen, um so mehr, als die Zusammenkünfte nur einmal im Monat stattfanden und von ihm keine besonderen Aktivitäten erforderten.

Es war ein Umgang, wie er ihn schon einmal beim Altbürgermeister Grundt in seiner

Skatrunde hatte. Er würde sich belügen, wenn ihm der Umgang nicht wohl tat.

In den vielen Gesprächen, die sie beim Wein oder Bier, nach Erledigung des offiziellen Tagungsprogrammes miteinander pflegten, hatte er dem Bürgermeister Romgelt auch einmal erzählt, dass er mit der Baumverjüngung und Umveredelung am Anger in Leinzell schon zu einem Ende gekommen sei und nach einem weiteren Betätigungsfeld Ausschau halte.

Ein solches hatte ihm Romgelt auch angeboten, eine große Streuobstwiese in Stadteigentum hinter dem Raiffeisen Markt zwischen Leinzell und Göggingen. Der erforderliche Baumschnitt stehe dort schon lange an. Den würde er auf Kosten der Stadt in Auftrag geben, unabhängig, ob Herr Stolpen dort veredeln wolle, oder nicht. Und es sollte der Tag noch kommen, an dem sich Jacub dieses Angebotes erinnern würde.

Besuch des Erbprinzen Wilhelm

Nicht die Gründung des Sanitätsvereines war es, was die Menschen in Leinzell durcheinander warf, sondern die Nachricht, dass Kronprinz Wilhelm eine Übung des Sanitätsvereins in Leinzell besuchen wollte, auf dem Weg nach Aalen, wo unter seiner Schirmherrschaft ein weiterer Sanitätsverein gegründet werden sollte.

Der in großen Lettern im Tageblatt angekündigte Besuch des Erbprinzen Wilhelm war so ungewöhnlich, wie - na, wie Schneefall im August!

Die Könige von Württemberg waren zwar sehr volksverbunden, doch die Provinzstädte besuchten sie nur, wenn eine Stadt ihr tausendjähriges oder zumindest 800 jähriges Bestehen beging oder dort eines hochverdienten Gelehrten zum 100. Todestag gedacht werden sollte.

Oder eben in Leinzell die Übung der Sanitätsgruppe des Sanitätsvereins stattfand.

Jetzt wurden in Leinzell die Straßen geschrubbt. Zwei Hausfassaden von kommunalen Häusern wurden frisch gepinselt und im ‚Weißen Hirsch' gewienert, in der Hoffnung, dass dort die geladene Gesellschaft zu Mittag speisen würde.

Die Bürger waren aufgefordert, den Kindern an diesem Tag die Sonntagskleider anzuziehen und selbst auch adrett gekleidet zu sein.

Für den hohen Besuch und seine Begleitung wurde eine Sitztribüne errichtet, dort, wo die Übung - ein ‚Straßenunfall mit einem Postwagen' - stattfinden sollte.

Die kleine Stadt war in aufgeregter Erwartung. Um 8 Uhr am Morgen waren die ersten Bürger an den ihnen zugewiesenen Plätzen versammelt und warteten auf die Droschken aus

Stuttgart. Viele Bürger hatten sich kleine Schemel mitgebracht, um die Mühsal des Wartens zu verkürzen.

Als der Wagenkonvois aus Stuttgart eingetroffen und die Majestäten, Kronprinz Wilhelm wurde von seiner Gattin Marie Luise begleitet, ihr Schaugerüst bezogen hatten, ließ unser erster Sanitäter die Übung abrollen: Einer Postkutsche mit Passagieren waren die Pferde durchgegangen. Die Kutsche hatte sich überschlagen und die Pferde hatten sie noch fünfzig Meter mitgeschleift.

Die ‚Passagiere' lagen auf der Straße und waren abenteuerlich geschminkt worden. Die Verletzungen waren so täuschend echt, dass den Zuschauern ein Grauen ankam.

Die Sanitäter versorgten die Verletzten. Stadtarzt Dr. Schirndl eilte von dem Einem zum Anderen und erteilte seine Anweisungen. Die Wunden wurden verbunden, die vermeintlichen Knochenbrüche geschient.

Die ersten von ihnen wurden auf Wagen verladen und in Richtung Göggingen zum Spital transportiert.

Die Gäste auf der Tribüne spendeten den Sanitätern Beifall und winkten huldvoll zu den

Bürgern. Und die Menge applaudierte und sah der Gästeschar nach, die sich in ihren Droschken in Richtung Göggingen bewegte.

Das Mittagessen fand nicht im ‚Weißen Hirsch' statt, sondern im ‚Leinhof' in Göggingen.

Das Vorstandskomitee des Sanitätsvereins und der Herr Landrat waren mit geladen und Jacub, im Cut seines Vaters, kam zwischen ihm und einem der Höflinge zu sitzen.

Er war sich sicher, dass für die zwei Leinzeller und die vier Gögginger das Bewusstsein, mit den Majestäten des Landes an einer Tafel zu speisen, wie ein Banner über ihrer Erinnerung wehen und ihnen den Hauch der für immer Geadelten verleihen würde.

Ende September wurde Hilda geboren. Dass es diesmal, noch zu seinen Lebzeiten, ein Mädchen war, erfüllte ihn mit großer Freude! Er wäre gern wieder Pate geworden, aber er wusste, dass dies in seinem Alter dem Sinn des Patenseins widersprach. Er wusste auch, dass er doppelt und dreifach ihr Pate sein würde, solange er lebte. Hanne sah dies und verstand es richtig.

Aber es gab auch Tage, da war sie eine Spur zornig. Sie hatte ihm verziehen, doch ihren

Frieden, zutiefst in ihrem Herzen, über die verlorenen Jahre, hatte sie nicht gefunden.

Die Harmonie des gemeinsamen Nebeneinander und Miteinander störte es aber nicht. Sie freuten sich über jede Stunde, die sie in Martins Garten oder auf seinem Berg miteinander zusammensaßen.

Entwurzelt

Und das blieb so, bis die Nacht sich auf sein Leben senkte und sein Leben umwarf.

Der denkwürdige Tag war ein Samstag. Ein ungewöhnlich milder Tag für die letzte Januarwoche. Jacub hatte, wie schon lange, einen seiner beiden täglichen Spaziergänge in den Wald über den Hügeln nach unten in seinen Anger verlegt.

Er stieg vorsichtig die Stufen hinunter, die vom tauenden Schnee glitschig und von der noch gefrorenen Nässe glatt waren. Er hatte wohl sein Ziel, aber keine besonderen Absichten. Er wollte nur schauen, ob alles seine Ordnung habe.

Als er über den kleinen Fußweg am Ende der Treppe durch die Reihe der Mirabellen auf den Anger schauen konnte, erschrak er zu Tode, obwohl er noch nicht begriff, was er sah. Zwei Gespanne von sechszehn Pferden der belgischen Rasse hatten ihre Ketten um die Apfel- und Birnenbäume gelegt und mit ihrem Wurzelwerk aus dem Boden gezogen. Zwölf seiner Bäume lagen schon dort, wo sie gestanden hatten, in Richtung des sandigen Weges, der nach Mulfingen führt.

Jacub schrie aus seiner Erstarrung, aber er wusste später nicht, was er schrie. Er breitete seine Arme aus und eilte vor die Gespanne, vor die Männer, die gerade wieder die Ketten um einen der Bäume legten. „Wir haben den Auftrag“, hörte er die Männer sagen. „Der schmale Sandweg nach Mulfingen und Heuchlingen soll eine breite Straße werden, wie schon vorn an der Stadt.“

„Aber die Obstbäume“, brachte Jacub heraus. „Das müssen sie nicht uns fragen, wir machen nur unsere Arbeit!“

„Und die Mirabellen und die Quitten am Rande?“ „Die kommen am Montag dran. Zum Bau der Straße und für das Lagern der Steine wird viel Platz benötigt, mehr als dann die Straße breit sein wird.“

„Aber könnt ihr nicht warten, bis ich das geklärt habe mit dem Abriss?“ „Wie wir schon sagten, das können Sie nicht mit uns klären. Nur mit der Herrschaft.“

„Wer ist denn die Herrschaft, der Veranlasser?“ „Wissen wir nicht, da müssen Sie den Scharle (Bürgermeister) fragen. Lassen Sie uns jetzt unsere Arbeit machen!“

„Aber ich möchte das Edelholz von den Bäumen schneiden.“ „Dann machen sie das heute Abend und morgen. Morgen arbeiten wir nicht.“

Jacub wollte die veredelten Reiser von den entwurzelten Bäumen schneiden, jedoch hatte er kein Messer mitgenommen. Er wusste nicht wofür, aber er wollte das kräftig aufgewachsene Holz der edlen Sorten retten.

Jacub stieg die Stufen der Treppe wieder hinauf. Er blieb mehrfach stehen und presste die Hände auf die Brust, in der sich ein immer größer werdender Druck und auch Schmerz ausbreiteten.

Auf der Veranda ließ er sich auf der Bank nieder und versuchte, der Flut, der auf ihn einstürmenden Gedanken, Herr zu werden.

Er ging in die Stube und sah, dass er Holzscheite für den Ofen vom Feim holen müsste. Zuvor aber wollte er sich ein wenig hinlegen und warten, bis die Schmerzen in seiner Brust nachließen.

Er zog das Federbett über sich und spürte, dass die Schmerzen zunahmen und in Arme und Rücken ausstrahlten. Er stopfte sich beide Kissen von seinem Chaise in den Rücken und spürte, dass der Druck in der Brust nachließ. Er wollte ein wenig ruhen.

Er wollte auf Martin warten. Sie sollten eine Rolle Etiketten mitnehmen und den gezeichneten Plan der Veredelungen vom Anger und alles Edelholz schneiden, das sich zur Übertragung eignen kann, dachte er. Auch sollten sie die Reiser bezeichnen, sortieren und bündeln. Aber wohin sollten sie das viele anfallende Edelholz setzen?

Da besann er sich des Angebotes von Bürgermeister Romgelt, zu der stadteigenen Streuobstwiese drüben in Göggingen hinter dem Raiffeisenmarkt. Diese hatte er sich noch nicht einmal angesehen!

Er musste mit dem Bürgermeister telefonieren, heute noch! Am Nachmittag. Nicht, der Wiese wegen. Das hatte sicher noch ein paar Tage Zeit. Wegen der Mirabellen und veredelten Quitten, die mussten erhalten bleiben! Die mussten gerettet werden!

Für die Straße sollte doch der vorhandene Sandweg nach Mulfingen und die Breite des Angers ausreichen! Jacub maß in Gedanken die Breite des Fahrweges und des Angers zusammen und war sich sicher, dass beide für eine Chaussee ausreichten.

Warum hatte ihm niemand von diesem Bauvorhaben berichtet? Alle wussten doch, dass auf dem Anger Edelobst aufgewachsen war! Oder wusste man im Rathaus von Göggingen nichts von dem Straßenbau?

Kam der Befehl zur Rodung des Angers vom Oberamt Gmünd, von dem Straßenbau- und Erhaltungsamt, oder wie es sich nannte? In Jacubs Kopf bohrten sich 1000 Fragen und hinterließen einen Streifen hohler Ratlosigkeit.

Wann würde denn der Martin kommen? Sie mussten die Planung für den kommenden Tag machen. Sie hatten nur den Sonntag!

Er sprach stumme, erregte Gebete. Kaum zu einem Gott, mehr zu sich selbst, um dem satanischen Zerstörer in seinem Kopf zu widerstehen, der ihn in Ohnmacht und Schweigen hinab ziehen wollte.

Am Montag wollte die Gruppe mit der Rodung fortfahren und auch seine Quittenbäume heraus reißen.

Jacub spürte erst jetzt so richtig, dass ihm die veredelten Quitten und Mirabellen wichtiger geworden waren, als die Obstbäume auf dem

Angerstreifen, mit denen sie einmal mit ihrem Werk begonnen hatten.

Jakub träumte seltsame Gedanken. Es waren wirre Bilder. Er dachte, dass er sich an Vergangenes erinnerte, was er lieber vergessen sollte, und spürte, dass er vergaß, woran er sich erinnern wollte.

Ihm war, als brächen turmhohe Wellen in die ausgetrocknete Stille seines Lebens und schlugen höhnisch über ihm zusammen. Er sah Eisblumen gegen die Mittagssonne an seinem Fenster aufgehen, die er seit Jahren nicht mehr gesehen hatte. Sie wuchsen am Fenster vom unteren Rahmen nach oben und über den Rand, über den Vorhang und die Wand bis hinauf zur Decke. Und sie brachen das Licht der späten Sonne in eine Fülle von Farben, die aufblühten und nacheinander wieder erloschen und in tiefes Schwarz tauchten.

Dann glaubte er eine Melodie zu hören, und seinen Namen, und ein helles Licht war um ihn. Und das Licht ward heller und es rief nach ihm. Und alle Gedanken fielen von ihm ab und er war bereit, dem Licht und dem Rufen zu folgen.

„Jacub, was ist dir, antworte! Antworte bitte!“, rief Martin und schüttelte seinen Arm. Er hatte das Deckenlicht angestellt und noch dazu die Stehlampe am Chaise und Jacub halb sitzend unter dem Federbett auf dem Diwan vorgefunden. Seine Hände zitterten vor Sorge, als er Jacub anrief und schüttelte.

Er hatte immer Vater gesagt, jetzt rief er Jacub, wie die Mutter ihn rief. Jacub öffnete die Augen und seine Traumgestalten zerstoben.

Langsam, bis er Martin sah und sein angstvolles Gesicht erkannte. Dann sah er, dass das Decken-licht brannte und die Dunkelheit draußen vor dem Fenster stand.

„Was ist dir, Jacub!“, rief Martin wieder und wieder.

„Wir haben uns Sorgen gemacht, als du nicht zum Abendessen gekommen bist. Da ist etwas passiert“, hat Mutter gesagt. „Jacub hat noch nie im Leben eine Verabredung nicht eingehalten, oder einen Termin. Nicht eine Stunde, nicht eine Minute! Martin geh‘ bitte hinauf und sieh nach!“ Sie hat keinen Bissen zum Abendbrot gegessen.

„Ich hatte einen Traum“, sagte Jacub schließlich, dem das Sprechen noch etwas schwer fiel.

„Einen Traum, der irgendwie von der Erde wegführte.“ Jacub versuchte, sich an den Traum zu erinnern, aber es gelang ihm nicht.

„Ich hatte Brustschmerzen und habe mich etwas hingelegt“, fügte er an. Warum er die Brustschmerzen hatte, war ihm offenbar gar nicht bewusst, als er die sorgenvollen Fragen Martins beantwortete.

Es fiel wie ein Stein auf ihn, wie ein Fels, der ihm das Herz abdrückte - der Herzschmerz, der durch ihn fuhr, als ihm klar wurde, warum er sich auf den Diwan gelegt hatte!

Diese jähe Erkenntnis, dieses jähe Erwachen nahm ihm die Sprache und trieb ihm Tränen in die Augen.

Martin sah ihn an und sah diese Veränderung. Sein sorgenvolles Gesicht wurde noch eine Spur ängstlicher.

Schließlich sprach Jacub von dem wundervollen Morgen, jeder Stufe auf seiner Treppe und was er unten am Anger hinter der Reihe von Mirabellen erleben musste. Jacub versagte die Stimme, jetzt wieder wurde ihm das Erlebte voll bewusst und die Angst um seine geliebten Bäume und Mirabellen.

„Ich muss den Bürgermeister anrufen. Er muss sich für die Quitten und Mirabellen einsetzen. Er wird wissen, woher der Auftrag zum Roden gekommen ist."

„Warum roden sie denn überhaupt?", fragte Martin. „Sie wollen die Straße nach Mulfingen bauen, was sie vor 50 Jahren schon mal begonnen haben. Bis zum Grinsle, da beginnt ja der Sandweg.

Aber ich denke, der Anger genügt für die Straße. Die Büsche und Bäume an den Randstreifen brauchen sie für die Straße nicht! Die wollen sie für das Arbeiten und das Lagern der Steine nutzen.

Nach Mulfingen hinaus ist Platz genug dafür", sagte Jacub, dessen Stimme schon wieder ein wenig fester wurde. „Morgen am Sonntag roden sie nicht, hat mir der Gespannführer gesagt. Da sollten wir die besten Reiser von den gestürzten Bäumen schneiden.

Martin, wir müssen den Plan mit dem gesetzten Edelobst mitnehmen! Die Bäume liegen so, wie sie standen; wie wir sie auf unserem Plan eingetragen haben. Wir müssen eine ganze Rolle der Banderolen mitnehmen. Und alles schneiden was wir können!"

Martin wollte Jacub in seinem Leid nicht widersprechen und sagte: „Wir sollten aber nur so viel schneiden, wie wir auch noch irgendwo setzen können."

„Wir können so viel schneiden wie wir wollen, denke ich. Der Bürgermeister Romgelt hat mir eine Baumwiese angeboten, die der Stadt gehört. Wir werden sie uns in den nächsten Tagen anschauen. Ich weiß von ihr seit einem halben Jahr, habe aber noch nicht danach gesehen. Es ist jetzt wie ein Segen."

„Es ist eiskalt in deiner Stube", sagte Martin. „Das Feuer im Ofen ist erloschen. Ich werde erst einmal Feuer machen, ehe wir an die Pläne gehen". Martin stand auf und ging hinaus, das Holz zu holen.

Durch die offene Tür kam ein eisiger Windhauch, der zeigte, dass die Temperaturen seit dem Morgen wieder beträchtlich gefallen waren.

Jacub sah durch die Tür, dass die hereingebrochene Nacht rabenschwarz war, ohne Sterne. Am Himmel musste eine dicke Schicht schwarzer Wolken alles Sternen- und Mondlicht verdeckt haben. Würde es Regen geben?

Wenn auch, sie würden zum Anger gehen, morgen in aller Frühe!

Martin kam mit einem Arm voll Buchen- und Birkenholz in die Stube. Er legte Reisig in den kalten Ofen und zündete es mit einem ‚Phosphor' an. Als das Reisig aufprasselte, legte er die Holzscheite darüber. Beide fühlten alsbald die Wärme, die wie eine lebendige Wand die Kälte des Raumes zu den Wänden schob.

Das war ein Ritual, wie sie es schon tausendmal, ohne darüber nachzudenken, geübt hatten. Das war für Jacub heute von besonderer Bedeutung Er fühlte sich zurück in die Wärme des Lebens und der Hoffnung geleitet.

Die Sorge in Martins kummervollem Gesicht hatte den Schmerz in seiner Brust besiegt und eine große Kraft in ihm entfaltet. Er würde nicht aufgeben! „Wenn es notwendig sein wird, werde ich noch einmal von vorn beginnen", sagte er laut und mehr für sich als für Martin. Solange er Martin bei sich wusste, würde er jede Kraft haben, jeden Kampf aufzunehmen!

„Du musst nach Hause gehen, Martin", sagte er. „Die Frauen werden auf dich warten".

„Sie werden auf die Nachricht warten, was mit dir ist und auf die Nachrichten, die ich ihnen zu erzählen habe."

„Ja, erzähle es ihnen, aber sage ihnen bitte nichts von meinen Brustschmerzen." „Aber kann ich dich denn allein lassen in dieser Nacht?" „Du kannst, ich bin wieder in Ordnung. Und Du musst!"

„Ja, die Mutter wird in der Stube sitzen oder am Fenster stehen und warten", sagte Martin. Über das eben noch so kummervolle Gesicht zog der Hauch seiner wieder gewonnenen Fröhlichkeit. Und er legte die Hand auf Jacubs Schulter und lächelte froh, ehe er die Tür hinter sich zuzog.

Danksagung

Mein besonderer Dank gilt Herrn Rolf Dreher, Uhrmachermeister und Buchautor aus Leinzell, der mich im Jenischen unterstützt und beraten hat.

Die Bürger von Leinzell bitte ich um Nachsicht, dass ich der Handlung willen die Ortsgeographie von Leinzell ein wenig verändern musste.

Den Bürgermeister und seine Mannschaft des Stadtrates bitte ich um Vergebung, dass ich aus eben diesem Grund die Stadtverwaltung im 19.Jhd. in die Nachbarstadt Göggingen verlegt habe. Aber sie ist ja tatsächlich ‚wieder' dort, wo sie hingehört!

Die Ortschronisten und Stadtschreiber seien daran erinnert, dass die Geschichte nicht aus den Stadtarchiven geschöpft wurde, sondern ihre die Entstehung der Erzählung eines mir völlig fremden Menschen verdankt.

Alle verwendeten Namen sind, der Nachfahren willen, verfremdet. Ähnlichkeiten sind zufällig.

Die von Jacub Stolpen entwickelte Veredelung von Birne auf Quitte, die nach seinem und

Lorenz Tod in Vergessenheit geraten war, wurde 1951 von Peter Nicolin aus Frauweiler wieder entdeckt und mit Patent-Nr. 923819 zum Deutschen Patent angemeldet.

So kann heute die Unverträglichkeit der Quitte für viele beliebte Birnensorten über die verträglichen Sorten Gellerts Butterbirne, Pastorenbirne, Nordhäuser Winterforelle und Neue Poiteau umgangen werden.

Vita

Der Autor, Dr. Manfred Höhne, wurde am 4. November 1934 in Halle (Saale) geboren. Dort besuchte er die Latina der Franckeschen Stiftungen, absolvierte das Medizinstudium, es folgte die Promotion und Ausbildung zum Praktischen Arzt.

Mehrjährige Tätigkeit im Ausland. Er war als Schiffsarzt unterwegs in Ost- und Nordsee, Levante, Süd-Ostasien als auch in Mittel- und Südamerika.

Zweiter Facharzt für Hygiene 1972 und Tätigkeit als Hygieniker und Praktischer Arzt in Naumburg/Saale.

Schreibt Lyrik und Erzählungen.

Er lebt mit seiner Familie in Naumburg.

Vom Autor bisher erschienen

Sodalitas hallensis – eine geborgte Zeit.
Studentennovelle
ISBN 978-3-9816587-0-5

Im Garten Eden
die Kur in Rheinsberg und meine Liebe am Wasser
Erzählungen

Rundnatzig und buschig Bd. I
Gedichte vom Menschen, den Tieren,
der Natur und den Jahreszeiten

Rundnatzig und buschig Bd. II
Balladen, Moritaten und böse Lieder

Die Liebe auf Gottes Inseln
Erzählungen

Tränen im Wind
Roman
ISBN 9783957536334

Das Herzogtum
Roman
ISBN 978-3-9817462-3-5

Meine irdischen und himmlischen Wege
Roman
ISBN 978-3-7497-8136-2

Mord, der viele Väter hat
Roman
ISBN 9783957538192

John Gregor der außergewöhnlichste Asperger-Autist unseres Jahrhunderts und die erlösten Mädchen.
Roman

ISBN 9783957539021

Der namibische Pfeil
Roman
ISBN 9783957539717

Anhang - Bildnachweise

Fotos free von pixabay.com

Cover_flowers-7155454.jpeg

Seite 3 apple-blossom-3329365.jpg.pgn

Seite 11 cherry-blossoms-5055328.jpg

Seite 23 hd-wallpaper-4495137.jpg

Seite 30 wood-1884339.jpg

Seite 34 cards-3831174.jpg

Seite 39 log-1869250.jpg

Seite 44 orchard-6006046.jpg

Seite 53 drink-3108436.jpg

Seite 56 pear-3560106.jpg

Seite 75 cakes-7361286.jpg

Seite 78 house-3336798.jpg

Seite 94 fruit-3235152.jpg

Seite 105 wine-2408620.jpg

Seite 115 pears-5434553.jpg

Seite 118 mirabelle-5439443.jpg

Seite 125 graveyard-2701021.jpg

Seite 130 quince-7483684.jpg

Seite 138 apples-747260.jpg

Seite 147 grief-1927390.jpg

Seite 153 ahlat-5032066.jpg

Seite 157 orchard-3381197.jpg

Seite 169 tree-pruning-3373997.jpg

Seite 171 pear-4447926.jpg

Seite 176 blossoms-736469.jpg

Fotos von Marc Schäffler
Bürgermeister von Leinzell

Seite 9 Leinzell heute

Seite 17 Friedhof von Leinzell

Foto von Dr. Manfred Höhne

Seite 172 IMG_0345.jpg

Veröffentlichungen

So hilft Ihnen die Blutegeltherapie

Dr. med. Claudia Moser & Karla Moser

Ein Patientenratgeber

Hardcover ISBN:
978-3-946414-00-1

Paperback ISBN:
978-3-00-047791-1

eBook ISBN:
978-3-946414-01-8

Beide Autorinnen sind international mit der Blut-egel-Therapie bekannt und besitzen eine über 40-jährige Praxiserfahrung.
Die Begeisterung für diese Therapie ist bei beiden ungebremst. Die Blutegel-Therapie ist für sie ein wich-tiger Bestandteil ihres Praxisalltags und unverzichtbar.
Selbst in der aktuellen Medizin besitzt die Blutegeltherapie einen einzigartigen Stellenwert.

In der neuen und erweiterten Auflage beschreiben die Autorinnen eindrucksvoll ihre Erfolge mit dieser altbewährten Heilweise.

Blutegel-Therapie bei Pferden

Sabine Krämer

Hardcover ISBN:
978-3-946414-20-9

Paperback ISBN:
978-3-946414-21-6

eBook ISBN:
978-3-946414-22-3

Sabine Krämer ist Pferde-Osteopathin und zertifizierte Blutegel-Therapeutin der IGBT e.V.

In diesem Ratgeber beschreibt sie ihre vielfältigen Erfahrungen mit der Blutegel-Therapie bei Pferden.

Neben allgemeinen Informationen finden sich viele Fallbeispiele mit wertvollen Tipps und praktischen Hinweisen.

Dieser Ratgeber ist für Pferdebesitzer und Pferde-Therapeuten gleichermaßen interessant.

Der Körper leidet wenn die Seele weint

Karla Moser

Charakter und Verhaltensmuster als Ursache von Krankheiten

Hardcover ISBN:
978-3-946414-03-2

Paperback ISBN:
978-3-946414-02-5

eBook ISBN:
978-3-946414-04-9

Im Laufe ihrer 40jährigen Tätigkeit als Heilpraktikerin hat die Autorin einen engen Zusammenhang zwischen individuellen Verhaltensmustern und körperlichen Symptomen erkannt.
In den meisten Fällen ist ein Zusammenhang zwischen körperlichen Beschwerden und seelisch-geistigen Problemen nicht sofort erkennbar. Wieso sollte man hier Probleme sehen? Haben wir doch in der Regel Verhaltensweisen von den Altvorderen übernommen.
Krankheiten sind immer eine Reflexion der Seele. Mit einer veränderten Lebenseinstellung und Lösen von Problemen können wir gesunden und ein glückliches Leben führen.

Vorankündigung: Demnächst auch in englischer Sprache.

Sexualität erleben & lebe
Mein Erotikon

Karla Moser

Hardcover ISBN:
978-3-946414-32-2

Paperback ISBN:
978-3-946414-33-9

eBook ISBN:
978-3-946414-34-6

Schonungslos und offen wird das Thema Sexualität behandelt.
Erotik und Sexualität kann aufregend, sinnlich, aussergewöhnlich und magisch sein.

Lassen Sie sich in den Bann einer erotischen Reise ziehen.

Sie erfahren etwas über Liebestechniken, Sexualpraktiken, Tabus, Orte und Wörter der Lust, Sinnlichkeit, Perversionen, BDSM und vieles mehr.

Vorankündigung: Demnächst auch in englischer Sprache.

Immer und überall
Heimlichkeiten zum Schmunzeln & Runzeln

Gerhard Dill

Hardcover ISBN:
978-3-946414-26-1

Paperback ISBN:
978-3-946414-27-8

eBook ISBN:
978-3-946414-28-5

Dieser Titel ist Programm, ein Fingerzeig auf eine gezielte Vielseitigkeit der Gedichtinhalte.
Da darf die Leserin, da darf der Leser einiges erwarten. Natürlich Liebesgedichte, aber auch gereimte Märchen, weiter gespannte Verserzählungen, pointierte Vierzeiler, Lebenseinsichten, auch Lebenstiefstände, Lebensszenen jung und alt. Vieles dabei hat einen autobiograhischen Hintergrund. Dazu dient es der Sache, einen Blick auf den Autor zu werfen.

Wir lernen ihn kennen als vielseitige Persönlichkeit: Ein Sports- und Sangesfreund, jugendbewegt, stark familienorientiert, bei seinen Kollegen als Philologe (durchaus Alt- und Neu-) als sprachbewusst und humorgesteuert anerkannt.

Freyja Gräfin von Asenhain
Meine Gedichte

Ihr Leben ist die Kunst: Heilkunst, Literatur, Malerei, Formen und Gestalten, Beschäftigung mit grenzwissenschaftlichen, magischen, mystischen und esoterischen Themen.
Allem voran steht jedoch die Lebenskunst. Aus diesem Fundus schöpft sie die Inhalte ihrer Gedichte, die sie in mehreren Bänden gestaltete und zusammenfasste.

Erster Band Hardcover ISBN: 978-3-946414-11-7 Paperback ISBN: 978-3-946414-12-4 eBook ISBN: 978-3-946414-13-1	**Zweiter Band** Hardcover ISBN: 978-3-946414-08-7 Paperback ISBN: 978-3-946414-09-4 eBook ISBN: 978-3-946414-10-0
Dritter Band Hardcover ISBN: 978-3-946414-14-8 Paperback ISBN: 978-3-946414-15-5 eBook ISBN: 978-3-946414-16-2	**Vierter Band** Hardcover ISBN: 978-3-946414-17-9 Paperback ISBN: 978-3-946414-18-6 eBook ISBN: 978-3-946414-19-3